PFERDEHOF "ZUM SCHWARZEN PONY"

Christine Pullein-Thompson

Das schönste Fest

Aus dem Englischen
von Ursula Dotzler

SCHNEIDER BUCH

Die Deutsche Bibliothek – CIP-Einheitsaufnahme

Pullein-Thompson, Christine:
Pferdehof „Zum Schwarzen Pony“ / Christine Pullein-Thompson. –
München : F. Schneider.

Bd. 6. Das schönste Fest / aus d. Engl. von Ursula Dotzler. – 1991
ISBN 3-505-09911-2

Hrsg.: Helga Wegener-Olbricht

Originaltitel: Good deeds at Black Pony Inn
Übersetzung aus dem Englischen von Ursula Dotzler
Titelbild und Illustrationen: Ines Vaders-Joch
Umschlaggestaltung: Claudia Böhmer
Herstellung: Brigitte Matschl
Satz: GSK, München
Druck: Presse-Druck Augsburg
ISBN: 3-505-09911-2

INHALT

„Wir brauchen einen Tierarzt!“

Die obere Wiese war leer. Unsere Pferde Solitär, Lorraine und Prinz standen mit hoch erhobenen Köpfen da und spähten zum Dorfplatz hinüber. Limpet und Jigsaw, unsere beiden Ponys, waren verschwunden. Ich sah auf den Koppeln nach, ehe ich ins Haus lief und schrie: „Limpet und Jigsaw sind fort! Irgend jemand hat sie rausgelassen, oder sie sind gestohlen worden!“

Dabei stieß ich fast mit unserem ältesten Pensionsgast zusammen, Oberst Hunter. Er brummte: „Immer mit der Ruhe, Harriet!“

Mein Bruder Ben kam angerannt; Lisa war dicht hinter ihm. „Bist du sicher?“ fragte Ben.

„Ich weiß, daß ich das Gatter zugemacht habe“, sagte Lisa gleichzeitig.

Dann klingelte das Telefon. Ich nahm den Hörer ab, und eine Stimme sagte: „Hier spricht Mrs. Barnes. In meinem Garten sind zwei Ponys. Holt sie bitte sofort ab!“

„Wo wohnen Sie?“ fragte ich atemlos.

„Im Herrenhaus“, erwiderte sie und legte auf.

„Halfter, ein paar Scheiben Brot, Karotten!“ befahl Ben.

„Das wissen wir selbst, wir sind schließlich auch nicht von gestern“, erwiderte Lisa.

„Mrs. Barnes klang ziemlich sauer“, erklärte ich, während wir die Halfter aus der Sattelkammer holten. Unsere Sattelkammer hat einen Schornstein und gehört zum alten Stall, dem Ort, der mir auf der ganzen Welt am liebsten ist. Unser großer, schwarz-weißer Hund Bob kam zu uns; er rannte voraus und freute sich über die Abwechslung.

„Mrs. Barnes ist im Vorstand unserer Schule“, sagte Lisa, während wir zum Herrenhaus liefen. „Sie findet, daß wir jeden Morgen Religionsunterricht haben müßten. Sie hat sich mit dem Rektor verbündet.“

„Vielleicht würde dir der Religionsunterricht nicht schaden“, sagte Ben grinsend.

Das Herrenhaus ist alt, mit Fachwerkbalken, Sprossenfenstern und großen Kaminen. Jeden Sommer ist es einen Tag in der Woche für die Öffentlichkeit zugänglich, und das Eintrittsgeld geht an das Rote Kreuz.

Jetzt rannten wir die Auffahrt entlang, an einer perfekt geschnittenen Ligusterhecke vorbei. Bob stürmte noch immer vor uns her.

Mrs. Barnes stand vor der Eingangstür. „Sie stehen im Obstgarten. Ich finde, sie sehen krank aus“, sagte sie. Sie hatte eine befehlshaberische Stimme und straff zurückgekämmtes graues Haar.

„Krank?“ rief ich.

„Ja, ich glaube schon“, erwiderte sie und ging voraus.

Limpet und Jigsaw standen unter den Apfelbäumen. Ihre Bäuche sahen riesig aus, und sie standen müde da, so als wären sie krank. Als ich sie sah, bekam ich vor Angst wildes Herzklopfen.

„Sieht aus, als wären sie schon die ganze Nacht hier. Habt ihr denn nicht bemerkt, daß sie verschwunden waren?“ fragte Mrs. Barnes vorwurfsvoll.

„Nein“, sagte Ben scharf. „Sonst wären wir sofort gekommen!“

Mrs. Barnes sah auf ihre Uhr. „Jetzt ist es zehn“, erklärte sie.

„Ich weiß. Wir haben verschlafen“, erwiderte ich leise.

Lisa wischte sich die Tränen aus den Augen und murmelte: „Sie müssen sterben, nicht?“ Und keiner gab Antwort auf ihre Frage.

Ich streifte Limpet das Halfter über und sagte sanft: „Komm! Komm mit! Beweg dich!“

Zögernd ging er mit. Sein Fell war schweißbedeckt, und mit den gespreizten Beinen sah er wie ein alter Mann aus. Dann wandte sich auch Jigsaw um und stand trübselig da. Meine Angst stieg. Wir führten die beiden Ponys über den Dorfplatz. Unserem dicken, gescheckten Jigsaw schien es wirklich schlecht zu gehen.

„Wir müssen Roy anrufen." Ben war besorgt.

Ich nickte. Roy ist unser Tierarzt; wir vertrauen ihm vollkommen.

„Kann es Laminitis sein?" fragte ich.

Mein Bruder nickte. „Es sei denn, sie haben Eiben gefressen. Sie könnten auch eine Kolik bekommen!"

Ich schluckte und sah Lisa an. Wir wußten, was das bedeutete.

Ich lief sofort ins Haus, um Roy anzurufen.

Unsere Mutter kam mir entgegen. „Was ist denn passiert?" fragte sie.

„Die Ponys sind krank. Wir brauchen Roy!" rief ich ihr zu und wählte die Nummer seiner Praxis.

„Wie, einfach so? Gestern waren sie doch noch ganz munter!" sagte Mama, während immer mehr von unseren Pensionsgästen in der Halle auftauchten und Fragen stellten.

Roy war selbst am Telefon. Ich erklärte ihm überstürzt, was passiert war.

„Gut, ich komme, so bald ich kann. Haltet sie in Bewegung", sagte er.

„Das werden sie aber nicht mögen", widersprach ich.

„Macht nichts. Tut, was ich sage. Bewegt sie, es ist wichtig! Das wißt ihr doch!“

Als ich wieder zum Stallhof kam, waren Ben und Lisa mit den Ponys dort.

„Er kommt bald, wir müssen sie in Bewegung halten“, rief ich.

„Aber man sieht doch, daß ihnen jeder Schritt weh tut!“ sagte Lisa.

„In diesem Fall wäre es falsch, sie zu schonen“, erwiderte Ben, als er mir Limpets Halfter zuwarf und ins Haus ging, um unser Buch über Tiermedizin zu holen. Lisa und ich zogen unsere armen, widerstrebenden Ponys die Auffahrt hinauf und hinunter.

„Wieso passiert uns ständig so was?“ stöhnte Lisa.

„Wenn man Tiere hat, gibt's immer Probleme“, erklärte ich und wiederholte damit etwas, was ein alter Mann in unserem Dorf immer sagt.

„Erst wenn man tot ist, hat man keine Sorgen mehr“, murmelte Lisa und rieb sich mit ihren schmutzigen Händen das Gesicht.

„Ist das ein scheußlicher Spruch!“ sagte ich.

„James sagt es doch dauernd.“

„Hör nicht auf ihn“, erwiderte ich.

James ist der älteste von uns vier Geschwistern. Er ist nicht so pferdenärrisch wie wir drei anderen und außerdem der unordentlichste Mensch, den ich kenne.

Jetzt kam Ben zurück. Noch im Laufen las er uns aus dem Buch vor. „Laminitis oder Lahmheit“, rief er, „ist ein Zustand von Blutandrang, der die Beine beeinträchtigt. Das kranke Tier will auf dem betroffenen Fuß oder den betroffenen Füßen kein Gewicht tragen. Die Füße können Gewebswasser oder sogar Blut absondern. Manchmal nennt man diese Krankheit auch Fußfieber. Es ist eine recht verbreitete Krankheit.“

„Aber steht da nicht, woher es kommt?“ unterbrach ich ihn und blieb mit Jigsaw stehen.

„Die Ursache kann Überanstrengung sein, aber auch zu wenig Bewegung“, erwiderte Ben. „Oder wartet mal, hier steht auch, daß zu viel Gras mit hohem Proteingehalt daran schuld sein kann.“

„Und wie sind die Symptome?“ fragte ich. „Das müssen wir wissen.“

„Heiße Hufe“, erwiderte Ben und legte das Buch beiseite. „Das Schlimme ist, daß es chronisch werden kann, wenn sie’s einmal gehabt haben“, fuhr er fort. „Und dann neigen sie dazu, es immer wieder zu kriegen.“

Ich bückte mich, um Jigsaws große Hufe zu berühren. Er rieb seine Nase an mir, die grau und rosafarben ist und mich immer an das Innere eines frischen Pilzes erinnert. Seine Hufe waren warm.

Dann berührte ich Limpets zierliche schwarze Hufe, die uns so viele Kilometer weit getragen haben, als wir noch klein waren und reiten lernten. Limpet ist ganz anders als der schwere, kurzbeinige und grobknochige Jigsaw. Limpet ist ein Dartmoor Pony mit zierlichen Ohren und einem schöngeformten Kopf. Seine Beine sind schlank wie die eines Vollblüters. Doch obwohl die beiden so verschieden sind, habe ich sie gleich gern. Auch Limpets Hufe waren warm.

„Es könnte schlimmer sein“, sagte ich und sah zu Ben auf. „Heiß sind sie nicht!“

„Hoffentlich haben wir Roy nicht umsonst hergeholt“, erwiderte mein Bruder.

„Es wäre nicht das erstemal“, sagte ich.

„Ihm wird es nichts ausmachen, aber Paps“, meinte Lisa.

Die Ponys gingen jetzt etwas besser vorwärts, wir mußten sie nicht mehr so ziehen. Vielleicht hatten sie doch eine Kolik, die nicht allzu schwer war, dachte ich.

Oberst Hunter erschien. Er braucht jetzt einen Stock zum Gehen. Er ist unser ältester Pensionsgast und wohnt auch schon am längsten bei uns.

„Ihre Beine sind nicht in Ordnung, wie?“ fragte er.

„Ja, es scheint so“, erwiderte Ben.

„Stellt sie in einen Teich, das hilft“, schlug der Oberst vor.

Wir sahen uns nur vielsagend an.

Bald darauf erschien unsere Mutter mit Kaffeetassen auf einem Tablett. „Bewegt sie nur, Kinder. Ihr wißt, wie wichtig das ist!“

„Sie erholen sich langsam, aber vorhin haben sie schrecklich ausgesehen“, erwiderte Ben.

„Und seht euch mal ihre Bäuche an, wie dick sie sind!“ rief Lisa.

„Als ich Roy anrief, hab ich's furchtbar dringend gemacht“, sagte ich.

„Roy ist bestimmt nicht böse, er kennt uns doch!“ tröstete mich Ben.

Wir tranken unseren Kaffee. Die Sonne kam heraus und wärmte uns den Rücken. Die Ponys sahen sich teilnahmslos um. Bob saß am Tor und wartete auf Roy. Der Hund weiß immer, wenn wir Besuch erwarten. Andere Gäste kamen aus dem Haus und machten Bemerkungen über den Zustand der Ponys.

Ben ging zur oberen Wiese und entdeckte, daß dort ein paar Zaunlatten gebrochen waren. Lisa holte Kardätschen aus der Sattelkammer, und wir striegelten die beiden Ponys vorsichtig. Jigsaws Schweif und seine Mähne sind unglaublich dicht; er gewinnt im Ponyclub fast immer den Preis für das bestgepflegte Pferd. Wenn man ihn bürstet, ist es, als würde man Drahtwolle bürsten. Sowohl Limpet als auch Jigsaw brauchten neue Hufeisen.

Plötzlich hörten wir Bremsen auf dem Hof. Roy war gekommen. Er sprang aus dem Auto; dann blieb er stehen und starrte uns an.

„Was für ein friedliches Bild!“ bemerkte er nach einem Augenblick. „Wo sind die kranken Ponys?“

„Hier!“ sagte ich ohne Begeisterung.

Roy bückte sich, um die beiden zu untersuchen. Er ist rauh, aber herzlich und in unserer Gegend der beliebteste Tierarzt.

„Aha, na ja, nicht so schlimm. Kann ich sie mal gehen sehen?“ fragte er und richtete sich auf.

Wir führten die Ponys am Halfter über die Auffahrt, so daß Roy beobachten konnte, wie sie die Köpfe hielten und sich bewegten.

„Ja“, sagte er wieder und ließ die Hände über ihre Beine gleiten. „Habt ihr sie gründlich bewegt? Sie müssen gehen!“ Sorgfältig tastete er die beiden Ponys ab, während erst Jigsaw und dann Limpet seinen Rücken beschnupperten und sich über die Aufmerksamkeit zu freuen schienen.

„Erzählt mir mal, wie ihr sie vorgefunden habt“, sagte Roy schließlich. Lisa erklärte es ihm kurz. Unsere Mutter stand dabei und hörte zu.

„Sie konnten sich kaum bewegen“, fuhr Ben schließlich fort.

2 9911-10

„Und ihre Bäuche waren so gebläht", fügte Lisa hinzu, „daß sogar Mrs. Barnes, die im Herrenhaus wohnt, erschrocken war."

„Dann waren sie wohl die ganze Nacht dort im Obstgarten? Es war doch ein Obstgarten, habt ihr gesagt?" fragte Roy. „Sie haben eine Kolik, zum Glück nur eine leichte! Ich denke, sie kommen wieder in Ordnung. Aber es würde nichts schaden, wenn ihr ihnen später etwas leichtes Futter geben würdet. Ihr könnt ein Medikament hineinmischen, das ich euch gebe, um ganz sicher zu sein, daß sich ihr Organismus beruhigt. In Ordnung? Und bleibt bei ihnen!"

Wir nickten und fühlten uns sehr erleichtert.

„Bringt sie in den Stall und laßt sie in Ruhe dort", fuhr Roy fort, während er zu seinem Wagen ging. „Gebt ihnen das Medikament erst später. Außerdem brauchen sie mehr Bewegung, sie haben beide Übergewicht. Und sie müssen demnächst neu beschlagen werden, vergeßt das nicht!"

Er gab mir vier kleine Beutel mit dem Medikament für die Ponys und fügte hinzu: „Könnt ihr denn keinen finden, der sie reitet, irgendein nettes Kind, das sich kein Pferd leisten kann? Es ist nicht gut für sie, sie so viel stehen zu lassen. Sie wollen laufen!"

„Die verdammte Schule nimmt uns so viel Zeit weg", erklärte Lisa. „Aber ich frage meine Freundin

Gillian, ob sie Limpet reiten mag. Sie hat reiten gelernt. Hat wenig Geld, sie kann sich nicht mal hübsche, neue Schuhe leisten. Rosie hat manchmal Jigsaw geritten, aber sie wohnt jetzt woanders", schloß sie.

„Gebt jedem Pony je ein Päckchen von dem Pulver ins Mash, eines heute und das zweite morgen früh. Und ruft mich wieder an, wenn ihr Probleme habt."

Wir brachten die Ponys in die Boxen mit den Halbtüren, wo sie unruhig wieherten. Limpet haßt es, im Stall zu stehen. Bald trampelte er in seiner Box herum und wühlte die Streu auf.

Ma, die unsere düsteren Gesichter sah, sagte: „Besser zuviel Vorsicht als zuwenig. Vielleicht sollten wir die beiden wieder zum Reiten verleihen."

„Wenn wir jemanden finden, dem wir vertrauen können", sagte ich. „Nur sensible, gute Reiter dürfen sie reiten!" Da waren wir uns einig.

Wir hatten die Ponys schon früher verliehen. Eine Familie hatte Limpet fast krank geritten. Sie hatten ihn immer wieder über ein Übungshindernis getrieben und ihn von Freunden reiten lassen, die ihn viel zu hart anfaßten. Wieder andere Leute hatten ihn bei jedem Wetter angebunden im Freien stehen lassen. Sie hatten ihm das Halfter viel zu eng angelegt und sogar eine dünne Kette daran befestigt, so daß er bis heute eine weiße Stelle über dem Kinn hat. Einmal hatten wir Jigsaw an eine Familie verliehen, die uns sehr nett vorkam. Ihr Grundstück war von einem Wassergraben umgeben. Am Wochenende fuhren sie weg und überließen Jigsaw den Mücken, seitdem leidet er unter Juckreiz, wenn er schwitzt. Die meisten Menschen scheinen nicht zu begreifen, daß Pferde genau wie wir Gefühle haben und daß man Tiere nicht wie ein Fahrrad in der Garage zurücklassen kann. Sie wollen Spaß haben, aber keine Arbeit; jedenfalls kommt es mir so vor. Nach diesen schlechten Erfahrungen hatten wir unsere Ponys nicht mehr zum Reiten ausgeliehen.

„Ich werde in der Schule mit Gillian reden. Sie ist am Montag sicher wieder da", sagte Lisa.

„Was wir eigentlich brauchen, sind zwei Freunde oder Freundinnen, die zusammen reiten", meinte Ben.

„Vielleicht könnten wir eine Anzeige aufgeben. Zwei Ponys suchen geübte Reiter, oder so ähnlich", schlug ich vor.

„Die auch ausmisten und das Sattelzeug reinigen und uns nicht die ganze Arbeit überlassen", sagte Ben.

„Wir machen einen richtigen langen Ausflug, sobald Jigsaw neu beschlagen ist", plante ich.

Wir riefen den Hufschmied an. Ma bestand auch darauf, daß ich noch mit Mrs. Barnes telefonierte.

„Die Ponys sind wieder in Ordnung. Der Tierarzt war da. Hoffentlich haben sie nicht zu viel Unheil in Ihrem Garten angerichtet“, sagte ich höflich.

Doch Mrs. Barnes war plötzlich richtig nett. „Ich hatte selbst Ponys, als ich ein Kind war. Ich weiß, wie das ist. Natürlich hatten wir damals Pferdepfleger“, sagte sie. „Macht euch keine Gedanken. Sie haben ein paar von den Äpfeln gefressen, das ist alles.“

Am nächsten Tag war Sonntag. Wir longierten die Ponys und gaben jedem von ihnen das zweite Pulver ins Futter. Dann ritten wir mit unseren eigenen Pferden aus, machten endlose Pläne für die Zukunft und malten uns aus, was wir in den Sommerferien alles tun wollten, die vor uns lagen.

Vom Dorfplatz her läuteten die Kirchenglocken. Die Sonne schien. Der Ausritt war wunderschön. Danach brachten wir die Pferde auf ein umgepflügtes Feld, wo sie sich genüßlich auf dem Boden wälzten. Später ging die Sonne wie ein großer Feuerball unter. Wieder war ein Sonntag vorbei.

Abends bereiteten wir uns auf die Schule vor. „Wenn Gillian nicht kommt, rufe ich sie später zu Hause an“, versprach Lisa. „Sie braucht ein bißchen Trost. Ihre Mutter ist immer so traurig. Gillian wird bestimmt begeistert sein, wenn sie Limpet reiten darf. Und sie ist so lieb und sanft, die beiden kommen bestimmt prima miteinander aus. Sie kann ja mit mir zusammen reiten."

„Prima." Ben reichte mir eine Liste von einer Pferdeschau, die ich durchsehen wollte. Dabei meinte er: „Wir könnten beim Paarreiten zusammen antreten, wenn du willst, Harriet."

Unsere Gäste hatten ihr Abendessen verspeist und waren in ihren Zimmern. Papa löste ein Kreuzworträtsel. Max, unser Kater, döste in einem Sessel. Es war ein Sonntag wie jeder andere; nichts warnte uns vor dem, was uns erwartete. Alles schien in bester Ordnung zu sein.

„Es gibt auch ein Springen für Anfänger", sagte ich, während ich die Liste durchlas.

Prinz, mein Pferd, machte sich in kleineren Wettbewerben auf dem Land langsam einen Namen. Er war nicht leicht zu reiten, aber wie so viele nervöse Pferde war er sehr klug. Er war schnell und gewandt wie kaum ein anderes Pferd in der Gegend.

„Ich glaube, es ist am besten, wir stellen Hindernisse auf", sagte ich.

„Ich will ein paar zusammenbauen", erwiderte Ben. „Kürzlich hab ich auf einer Baustelle eine Menge Abfallholz herumliegen sehen. Mal schauen, ob wir's billig kriegen können."

Wir zählten unsere Geldreserven. Ich hatte fünf

Pfund und neun Pence. Ben hatte vier Pfund und zwanzig Pence. „Auf alle Fälle kaufe ich ein paar Nägel“, nahm er sich vor.

Lisa säuberte Limpets Sattelzeug. „Gillian ist so dünn und klein, sie ist bestimmt nicht zu groß für Limpet, obwohl sie schon elf ist“, sagte sie voller Freude zu uns. „Und mir macht’s unheimlich Spaß, jemandem das Reiten beizubringen.“

Lisa ist eine gute Lehrerin. Ich hab ihr schon zugesehen, wie sie andere Kinder unterrichtet. Sie ist zugleich entschieden und sanft, flößt den Reitern und Pferden Mut und Vertrauen ein. Und ihre Unterrichtsstunden sind lustig.

Als ich ins Bett ging, war noch ein Streifen Helligkeit am Himmel. Ich lag da und stellte mir die Wochen vor, die uns erwarteten: Wettbewerbe, lange Reitausflüge, Lisa und Gillian, die zusammen ritten.

Ich liebe mein Zimmer. Meine Sammlung von Porzellanpferden steht auf dem Kaminsims, meine Lieblingsbücher in einem Regal neben dem Bett, daneben meine Reitkappe, meine besten Stiefel und die Gerte. Doch das schönste an meinem Zimmer ist, daß die Fenster zum Stall hinausgehen. Jetzt hörte ich, wie sich Vögel verschlafen in den Kletterpflanzen bewegten, die am Haus emporwachsen. Das Geißblatt duftete schwer und süß. Unten schloß mein Vater die

Türen ab. Morgen hatten wir Unterricht, doch das Schuljahr war bald vorüber. Und vor uns lagen die Sommerferien. In diesem Augenblick war ich so glücklich, daß ich am liebsten laut gesungen hätte.

Auf Leben und Tod

Am Montag kam Lisa vor uns nach Hause. Als Ben und ich von der Schule zurückkehrten, fanden wir sie im Stallhof vor. Sie hatte die Arme um Lorraines Hals geschlungen und weinte in die stahlgraue Mähne ihres Pferdes.

„Gillian wird sterben. Und es gibt keine Hoffnung!" schluchzte sie. „Dabei ist sie erst elf. Ich kann es nicht glauben. Ich kann's einfach nicht glauben!"

Doch Lisa übertreibt immer, also war ich zuerst nicht besonders beeindruckt, und Ben ebensowenig. Er sagte: „Stell dich nicht so an. Elfjährige sterben nicht so einfach. Sie kommen ins Krankenhaus und werden behandelt."

„Nicht immer", warf James ein, der gerade auf seinem Fahrrad angefahren kam.

Wir gingen ins Haus und warfen die Schulmappen auf den Küchentisch. Unsere Pensionsgäste hatten schon zu Abend gegessen. Sie saßen draußen im Garten und ließen sich von der untergehenden Sonne bescheinen. James stürzte sich sofort auf die Keksdose.

„Sie ist meine beste Freundin, jetzt, wo Rosie nicht mehr da ist“, fuhr Lisa leise fort. Tränen liefen über ihr Gesicht.

„Woher willst du eigentlich wissen, daß sie stirbt?“ fragte Ben und stellte den Wasserkessel auf die Herdplatte.

„Alle wissen es.“

„Das ist eine dumme Antwort.“

„Die Lehrer haben darüber geredet. Sie haben gesagt, es gibt fast keine Hoffnung. Sie waren total aufgeregt. Ich hätte das eigentlich nicht hören sollen, aber ich hab’s doch gehört“, sagte Lisa.

„Es gibt sicher ein Mittel, mit dem man sie heilen kann“, meinte Ben.

„Ihre einzige Chance wäre, wenn sie nach Amerika fliegen könnte. Sie hat irgendeine seltene Krankheit. Aber die Familie Ross ist arm, das wissen alle. Gillian hat keinen Vater mehr, und ihre Mutter ist Putzfrau. Es ist so ungerecht!“ schluchzte Lisa. „Der alte Fletcher hat das auch gesagt, und er hat meistens recht.“

Der friedliche Sonntag schien plötzlich Wochen zurückzuliegen. Wir gingen hinaus, um nach den Ponys zu sehen. Sie standen in der Schutzhütte auf der Koppel. Der Boden war trocken und hart. Überall surrten Fliegen herum. Papa hatte den Zaun repariert; jetzt grub er gerade den Gemüsegarten um. Paps verkauft Isolierglas, aber wenn die Sonne scheint, hat kaum jemand Interesse daran, sein Haus zu isolieren. Deshalb ist Papa an manchen Tagen daheim.

„Was ist jetzt wieder los?“ fragte er, als er Lisas tränenüberströmtes Gesicht sah. „Stirbt Jigsaw? Oder ist es diesmal Lorraine?“

Obwohl Paps es nicht zugibt, glaube ich, daß er Lisa am liebsten von uns hat. Jetzt legte er den Arm um ihre Schultern und murmelte: „Komm, heraus damit, was ist los? Was hast du, Kind?“

„Es ist wegen Gillian. Sie müßte nach Amerika, um operiert zu werden, sonst stirbt sie“, sagte Lisa. „Du kennst doch Gillian, Paps. Sie war schon ab und zu zum Spielen hier!“

Unser Vater erinnert sich nie an Gesichter oder Namen, also erwiderte er nur: „Sie wird bestimmt wieder gesund werden. Mach dir keine Sorgen.“ Tröstend streichelte er Lisas Haar.

„Wir wollten zusammen reiten. Sie hätte Limpet kriegen sollen, ganz für sich allein. Ich wollte ihr helfen, richtig reiten zu lernen“, fuhr meine kleine Schwester fort.

„Wo ist Gillian denn?“ fragte Paps.

„Im Krankenhaus natürlich."

„Armes Kind. Hoffentlich geht es ihr bald wieder besser", erwiderte unser Vater.

Wir gingen ins Haus zurück. Ben saß am Küchentisch und fragte: „Was für eine Krankheit hat Gillian? Und wieviel soll diese Operation kosten, Lisa? Weißt du das?"

„Keine Ahnung. Aber bestimmt Tausende von Pfund, und dann kommt noch der Flug dazu." Lisa schneuzte sich.

„Vielleicht können wir das Geld zusammenkriegen", überlegte ich.

„Wie denn bloß?" fragte Ben.

„Ja, wie stellst du dir das vor?" fragte auch James, der für uns alle Tee kochte.

„Wie wär's mit einer Pferdeschau?" sagte ich.

„Damit verdient man auch nicht viel, und was ist, wenn es regnet?" Ben war immer skeptisch.

„Es muß etwas Besonderes sein, etwas richtig Sensationelles!" erklärte James und trank seinen Tee.

„Ein Fest, ein Riesenfest mit einem Flohmarkt!" rief Ben triumphierend.

„Mit einer Hundeschau", meinte Lisa. „Alle können ihre Hunde mitbringen!"

„Und einem kleinen Springturnier, bei dem wir Eintritt verlangen", sagte ich langsam.

„Und das ganze Dorf muß mitmachen“, fügte James hinzu. „Damit die Sache wirklich erfolgreich wird.“

Ich erinnere mich, daß ich zugleich freudig erregt und ängstlich war. „Was machen wir, wenn es regnet?“ fragte ich.

„Dagegen können wir uns versichern lassen“, sagte Ben.

„Das ist zu teuer“, wandte James ein.

„Wir könnten ja auch etwas im Haus machen. Irgendwelche Spiele.“ Lisa war immer für Spiele.

„Jedenfalls brauchen wir ein Festkomitee“, erklärte James.

„Aber wir haben Ma und Paps noch nicht gefragt. Und was ist mit den Gästen?“ fragte ich.

„Die könnten das Komitee bilden“, schlug James vor.

„Ach, die reden und reden doch bloß. Komitees sind hoffnungslos“, meinte Ben.

„Wir könnten Kinder auf unseren Ponys reiten lassen und Kutschfahrten veranstalten“, schlug Lisa vor.

Ben begann in seiner Schulmappe zu wühlen. „Ich glaube, wir brauchen Papier und einen Kugelschreiber, um alles aufzuschreiben.“

Lisa schniefte. „Wir haben nicht mehr viel Zeit. Es ist sowieso schon spät für die Operation.“

Ben schrieb *Fest* auf die oberste Linie eines Blattes.

„Wir müssen ein Datum festsetzen“, erklärte James.

Ich holte den Kalender, der in der Halle beim Telefon lag. „Es müßte ein Samstag sein!“

„Und bald, sonst stirbt Gillian!“ rief Lisa.

Wir wählten einen Samstag Ende Juli. Ich schrieb *Fest im Pferdehof Zum Schwarzen Pony* neben den festgesetzten Tag im Kalender.

„Darf ich's Mrs. Ross erzählen?“ fragte Lisa.

„Noch nicht. Erst, wenn alles feststeht“, erwiderte Ben.

„Ich male die Plakate, das kann ich gut“, sagte James. „Sie sollen möglichst lustig werden. Ich zeichne Hunde und Pferde darauf, Virginia hilft mir bestimmt dabei. Sie ist sehr gut.“

Virginia ist James' Freundin. Sie hat rote Haare und ist ganz anders als wir. Erstens ist sie sehr ordentlich, und zweitens mag sie Pferde nicht. Ich glaube, sie denkt, daß wir einen schlechten Einfluß auf James ausüben, der ihr immer viel zu schlampig ist mit seinen durchgescheuerten Pulloverellbogen und den verschiedenfarbigen Socken. Doch vielleicht irre ich mich.

„Muß sie auch mit im Festkomitee sein?“ fragte Ben.

„Das überlasse ich ihr,“ erwiderte James.

Unsere Eltern waren weggefahren. Wir stellten unsere Tassen in den Geschirrspüler und gingen ins Freie.

Unsere Pferde sahen zu uns herüber. Sie waren so verschieden – die graue Lorraine, die einst mir gehört hatte und jetzt von Lisa geritten wurde; der kräftige, unermüdliche Solitär, der durch nichts aufzuhalten war und Ben gehörte; Prinz, der edle Kastanienbraune mit dem Araberkopf, ein ungewöhnlich kluges Pferd, das ich jetzt seit mehr als einem Jahr reite. Unsere ersten Ponys, der schwarze Limpet und der gescheckte Jigsaw, begrüßten uns mit freundlichem Wiehern über das Gatter hinweg.

Im Pferdehof Zum Schwarzen Pony waren schon viele Pferde gekommen und gegangen; doch wir hatten beschlossen, diese fünf nie zu verkaufen, denn sie gehörten inzwischen zur Familie. Wenn ich mit der Schule fertig bin, möchte ich Pferde ausbilden. Ich möchte Pferde aufkaufen, die keiner mehr haben will, und das Beste aus ihnen machen. James sagt, ich wäre verrückt, so einen Beruf auch nur ins Auge zu fassen. Ben meint, es bedeutet, daß ich für alle Zeiten arm sein werde wie eine Kirchenmaus. Ma glaubt, daß ich meine „Fixierung“ auf Pferde, wie sie es nennt, überwinden werde. Doch mein Vater versteht mich seltsamerweise: Er wollte nie reich werden, nur genug verdienen, um etwas für schlechte Zeiten zurücklegen zu können. Er hatte einmal eine Firma, die in Konkurs ging; deshalb ist unser Gutshof auch in eine

Pension umgewandelt worden.

Zur Zeit haben wir nur vier Gäste: zwei Schwestern, Miss Steele und Mrs. Tomson, und Oberst Hunter, der schon alt war und viel von seiner Vergangenheit erzählte. Sie wohnten ständig bei uns. Dann wohnte noch ein Hauptmann Matthews im Haus, den wir mit seinem Vornamen Peter anredeten.

Wir sattelten unsere Pferde und ritten über den Dorfplatz in die Buchenwälder, wo es im Sommer schattig ist und im Winter windgeschützt. Bald gingen unsere Pferde wie alte Freunde mit uns unter den dichtbelaubten Zweigen der Bäume dahin, die gepunktete Schatten auf unseren Pfad warfen.

Beim Reiten redeten wir über das geplante Fest; wir stellten uns einen sonnigen Tag vor und Hunderte von Leuten, die Eintritt zahlten. Lisa malte sich aus, wie sie Mrs. Ross einen Scheck überreichte; sie stellte sich die Freude auf ihrem Gesicht vor und dachte an Gillian, die geheilt aus den USA zurückkommen würde.

Als die Sommersonne kühler wurde und unsere Pferde auf dem Heimweg rascher gingen, wurde Lisa richtig übermütig. „Wir hängen überall Plakate auf. Wir laden meine ganze Schule ein!“ rief sie lachend.

„Und meine auch!“ rief Ben.

„Es wird ein ganzer Berg Arbeit werden“, sagte ich und trieb Prinz zum Trab an.

„Aber es ist auch Werbung für unseren Pferdehof", meinte Ben.

„Wir brauchen Zelte", fuhr ich fort, ohne ihm richtig zuzuhören.

„Und Spiele!" rief Lisa über die Schulter.

So war die Idee geboren – ein Fest im Pferdehof Zum Schwarzen Pony, um Gillian Ross zu helfen. Die Idee griff um sich wie ein Buschfeuer, bis das ganze Haus davon erfaßt war und schließlich unser ganzer Ort.

Während ich Prinz absattelte und versorgte, dachte ich an Gillian Ross, ein schmales, blasses Mädchen. Ma sagte, sie sähe einem kleinen Vogel ähnlich. Ihr blondes Haar umrahmte ein dünnes Gesicht, und ihre tiefliegenden Augen hatten Ben einmal zu der Bemerkung veranlaßt, sie hätte eingesunkene Augen, was Lisa wütend machte. Mrs. Ross war eine ältere Ausgabe ihrer Tochter Gillian, mit den gleichen blonden Haaren und einem hageren, erschöpften Gesicht.

Lisa, die meine Gedanken erriet, sagte: „Gillian wird bestimmt anders aussehen, wenn sie gesund aus Amerika zurückkommt. Sie ist schon lange krank, Harriet. Immer wieder mußte sie ins Krankenhaus; zuletzt war sie zu krank, um zu Hause unterrichtet zu werden. Die Reise nach Amerika ist wirklich ihre letzte Chance; aber wenn sie stirbt, stirbt ihre Mutter auch, an gebrochenem Herzen. Außer Gillian hat sie niemanden mehr."

Lisa sagte es mit solcher Endgültigkeit, daß ich ihr glauben mußte. Während ich mein Sattelzeug aufräumte, erinnerte ich mich daran, wie Gillian mit Lisa über den Stallhof gelaufen war. Es kam mir vor, als wäre es gestern gewesen, aber in Wirklichkeit mußte es Monate zurückliegen, wenn nicht Jahre.

Prinz rupfte genüßlich Grashalme ab, und die Sonne ging hinter den Bäumen unter. Leuchtendes Abendrot versprach einen weiteren schönen Tag.

Peters Auto war vor dem Haus geparkt, und ich konnte Ma hinter dem Fenster sehen, wie sie in der Küche den Abendbrottisch deckte. Ich lief ins Haus, um ihr zu helfen. Während ich mir die Hände wusch, sagte ich: „Hast du schon von dem Fest gehört, das wir veranstalten wollen, Ma? Du hast doch nichts dagegen?"

„Laß uns später darüber reden, Kind", erwiderte meine Mutter.

Erst als wir in unserer altmodischen Küche saßen und Gemüseauflauf aßen, während unsere Gäste schon ihre Servietten zusammenlegten und das Eßzimmer verließen, sagte ich: „Können wir jetzt über das Fest reden? Ihr habt doch nichts dagegen, oder? Wir dürfen es doch machen?"

3 9911-10

Lisa fügte hinzu: „Es ist für Gillian. Sie ist sehr krank."

Und Ben sagte: „Wir versprechen, daß wir hinterher alles wieder in Ordnung bringen."

James, der Kaffee für die Gäste kochte, sagte: „Virginia will auch mithelfen", so, als wäre ihre Hilfe wichtiger als alles andere.

Später holte ich den Kalender und Ben sein Blatt Papier. Wir erklärten unseren Eltern, was wir besprochen hatten.

Dann erklärte Ma: „Aber ich will keinen Kuchenstand machen, sondern eine Hundeschau."

„Virginia sagt, sie wird Second-hand-Kleidung verkaufen", erklärte James.

„Und wir müssen Ponyritte und Kutschfahrten anbieten", schlug Lisa vor.

„Aber wir haben nicht genug Helfer", rief ich, „weil ich mich um das Springen und noch alles mögliche andere kümmern muß."

„Der ganze Ort soll mitmachen, sogar der Pfarrer", sagte Ma ernsthaft. „Wieviel Geld müssen wir denn verdienen?"

„Weiß ich nicht. Tausende und abertausende", erwiderte Lisa.

„Wir brauchen auch einen Schiedsrichter", sagte ich.

„Und jemanden, der den Eintritt kassiert", meinte Papa.

„Und Leute, die die Hindernisse wieder aufstellen, wenn sie umgeworfen werden", fügte Lisa hinzu.

Jetzt begann unsere Idee wirklich gewaltige Ausmaße anzunehmen. Wir sahen uns an, und mein Vater sagte: „Da haben wir uns wirklich einiges vorgenommen!"

„Wir können nicht anders. Wir müssen Gillian helfen", erwiderte unsere Mutter. „Ich werde noch heute mit Mrs. Ross sprechen. Schließlich muß sie informiert werden!"

„Genau", stimmte Lisa zu.

„Und wir haben nur drei Wochen Zeit", sagte ich.

„In drei Wochen kann man viel tun", erwiderte Papa. „Aber wir sollten alles ganz genau planen. Es ist besser, wenn man einen festen Termin vor Augen hat."

„Wir werden auf dem Polizeirevier Bescheid sagen müssen, weil bestimmt viele Leute mit dem Auto kommen. Und für den Notfall muß ein Sanitätsauto bereitstehen", erklärte Ma.

Wir schmieden Pläne

Am nächsten Tag nach dem Frühstück rief Papa die Gäste zusammen. Ben, der älter ist als ich, erklärte, was wir vorhatten. Er war sehr diplomatisch; das ist er immer – anders als James, der sich ohne Überlegung in alles hineinstürzt.

Kurzes Schweigen trat ein, ehe Mrs. Tomson zu ihrer Schwester, Miss Steele, sagte: „Wir übernehmen den Stand mit den Handarbeiten, nicht? Wir fangen sofort an zu stricken; schließlich müssen wir der armen Kleinen helfen. Das müssen wir wirklich."

Dann sagte Oberst Hunter: „Wir werden Krocketspiele veranstalten." Und wir wußten, daß wir unsere erste Schlacht gewonnen hatten.

„Sie machen den Schiedsrichter beim Hunderennen, ja, Peter?" fragte Ma und lächelte Hauptmann Matthews zu, der erwiderte: „Es wird mir ein Vergnügen sein. Ich habe eine Stoppuhr, falls Sie eine brauchen, und werde einen Pokal stiften."

„Virginia meint, wir sollten auch einen Flohmarkt abhalten", sagte James.

„Ben und ich werden um drei Uhr eine Vorführung mit Pferden machen", kündigte ich an.

„Das müßte nach dem Hunderennen sein", erwiderte Ma.

Am Nachmittag ritten Ben, Lisa und ich zum Pfarrhaus, das klein und modern ist und ganz anders als die Pfarrhäuser in früheren Zeiten. Der Pastor heißt Leonard Smythe. Es ist ihm am liebsten, wenn man ihn mit seinem Vornamen anredet; also nahmen wir uns vor, Leonard zu ihm zu sagen, um etwas zu erreichen.

„Oder sollen wir ihn Leo nennen?" fragte Ben und kicherte, während wir über den Dorfplatz ritten.

„Nein, das ist zu respektlos. Aber was sollen wir ihm überhaupt sagen?" fragte ich.

„Überlaß das nur mir", erwiderte Ben.

Unsere Pferde spitzten die Ohren und fielen in Trab; sie spürten unsere Erregung. Die Auffahrt zum Pfarrhaus war mit Unkraut überwuchert. Der Pastor wusch gerade seinen Wagen. Er trug ein graues Hemd, eine graue Hose und Gummistiefel. Lisa sagte: „Er sieht überhaupt nicht fromm aus, was?"

„Sei still, er kann dich hören!" zischte ich und zügelte Prinz.

„Was kann ich für euch tun?" fragte der Pastor und legte den Schlauch, den er benutzte, zu Boden; dann drehte er den Wasserhahn ab.

„Wir sind auf einer Art Kreuzzug", erwiderte Ben

und schwang sich aus dem Sattel. „Ein Kreuzzug, um Gillian Ross zu helfen; ich weiß nicht, ob Sie sie kennen. Und dazu brauchen wir Ihre Hilfe."

Der Pastor hatte blondes Haar, helle Augenbrauen und schmale Lippen. Jetzt sah er uns mit erstaunten blauen Augen an. „Habe ich euch schon mal in der Kirche gesehen? Ich erinnere mich gar nicht an eure Gesichter", sagte er, ohne zu lächeln.

„Ich hab gewußt, daß er so ist", flüsterte Lisa mir zu. „Der schafft's, einen total aus der Fassung zu bringen."

„Na ja", begann Ben, doch Lisa unterbrach ihn und rief: „Wir sind wegen Gillian Ross gekommen. Sie müssen uns helfen! Sie ist krank, und wir brauchen viel Geld. Bitte, helfen Sie uns!"

„Ja, wir brauchen wirklich Ihre Hilfe", fügte ich hinzu.

„Sie hat keinen Vater mehr", sagte Lisa.

„Und sie muß nach Amerika fliegen", fuhr ich fort. „Weil sie eine Operation braucht."

Endlich lächelte der Pastor. „Natürlich helfe ich euch. Was soll ich denn tun?"

Wir erklärten ihm alles.

„Sagt mir einfach Bescheid, wenn ihr mich braucht!" Der Pastor lächelte, als wir geendet hatten.

„Danke", erwiderte Ben, und wir schwangen uns

wieder in den Sattel.

Als wir zu Hause ankamen, stand unsere Mutter auf dem Stallhof, die Hände voller Apfelschalen für die Pferde. „Oberst Hunter hat sich jetzt endgültig entschlossen, uns zu verlassen“, sagte sie. „Er bleibt nur noch bis zum Fest. Er will in ein Heim, in dem er gepflegt werden kann, wenn er wieder krank wird, und ich bin ja keine Krankenschwester. Ich werde ihn schrecklich vermissen.“

Oberst Hunter lebte seit mehreren Jahren bei uns. Er war fast schon zu einem Familienmitglied geworden.

„Wir werden also wieder Anzeigen aufgeben müssen, um neue Gäste zu finden, sonst wird es finanziell schwierig“, fuhr Mama fort. „Denn Miss Steele und Mrs. Tomson reden schon darüber, daß sie nach Oxford ziehen wollen, damit sie nicht so weit zum Einkaufen haben, und das kann man ihnen auch nicht verdenken.“

So ist es immer, dachte ich. Immer die gleiche Panik, wenn Gäste uns verlassen. „Und was ist mit Peter?“ fragte ich.

„Der bleibt nur noch so lange hier, bis sein Urlaub zu Ende ist.“

„Aber dann haben wir ja überhaupt keine Gäste mehr!“ rief Ben.

Ma nickte. „Für eine oder zwei Wochen geht das schon, aber..."

„Wir denken uns eine richtig zugkräftige Anzeige aus, Ma, keine Angst!" versprach Ben.

„Wir haben unser Bankkonto sowieso schon total überzogen", sagte Ma und gab jedem Pferd seine Portion Apfelschalen. „Aber denkt jetzt nicht daran, kümmert euch um die Vorbereitungen für das Fest."

Ich machte mir trotzdem Sorgen und sah im Geist schon das Schild *Zu verkaufen* vor unserem Tor, stellte mir vor, wie Leute kamen, um sich das Haus anzusehen, sah die Koppeln zugebaut mit Bungalows, die Ställe in Häuser verwandelt. Und wohin würden wir dann gehen? Doch diese Befürchtungen waren nicht neu, und sie waren nie eingetroffen; also wollte ich die Hoffnung auch nicht aufgeben.

Später gingen wir noch zu Fuß zu Mrs. Eastman, die Vorsitzende des Gemeinderats ist. Wir nahmen Bob mit, der halb Collie, halb Labrador ist. Mrs. Eastman saß auf einem Stuhl in ihrem Garten, in dem eine Menge Blumen blühten und der Rasen perfekt gemäht war. Auf ihrem Schoß saß ein Yorkshire-Terrier. Sie war sehr groß und der Terrier sehr klein. Wir erzählten ihr von Gillian und dem Fest. Ben sagte, daß unser Fest noch kein Komitee hätte. „Einen Vorsitzenden haben wir auch nicht", erklärte er unsicher.

Mrs. Eastman meinte, daß Gillians Eltern versuchen sollten, das Geld für die Operation aufzubringen.

„Aber sie hat nur eine Mutter!“ rief Lisa. „Sie kann das nicht allein schaffen!“

Die Sonne brannte auf uns herab. Der Terrier rannte ständig um Bob herum und kläffte wild, während Bob in die Luft schaute und ihn nicht beachtete.

„Wir dachten, der Frauenverein könnte uns helfen. Wir bräuchten einen Kuchenstand, wissen Sie“, schlug ich vor.

„Ich werde die Damen fragen“, versprach Mrs. Eastman. „Meldet euch wieder bei mir. Ich bin sicher, wir können etwas für euch tun. Wir werden Gillian nicht im Stich lassen, das verspreche ich euch.“

Und das war besser als nichts, fanden wir, als wir wieder nach Hause gingen. Alles war ruhig und friedlich. Kein Lufthauch regte sich, keine Wolke war am Himmel.

Wir fanden Miss Steele und Mrs. Tomson im Wohnzimmer, wo sie unentwegt Socken für ihren Handarbeitsstand strickten. Und plötzlich war es, als wären wir alle zu einem Wettlauf gegen die Zeit angetreten.

Später sagte Ma: „Ich habe ein Sanitätsauto und ein Erste-Hilfe-Zelt bestellt, damit wir vorbereitet sind, wenn etwas passiert.“

Papa war weggefahren. „Er hat eine Verabredung mit einem Makler“, erklärte Ma. „Um sich zu erkundigen, wie hier die Preise für Häuser und Grundstücke zur Zeit sind.“

„Ihr seid dauernd drauf und dran, unser Haus zu verkaufen. Aber wenn ihr das tut, laufe ich weg und komme nie wieder zurück!“ rief ich.

„Ich auch!“ schrie Lisa.

„Das ganze Haus müßte modernisiert werden. Gäste wollen ihre eigenen Badezimmer. Heutzutage will keiner mehr das Bad mit anderen Leuten teilen“, erklärte Ma. „Sie rufen hier an und fragen nach einem Zimmer mit Bad, und wenn ich sage, daß wir das nicht haben, sagen sie ab. Sie erwarten auch eine Bar, wo sie abends einen Drink nehmen können. Die Zeiten ändern sich. Wir können nicht mithalten, weil wir kein Geld haben.“

„Kann Paps nicht selbst Bäder einbauen? Ich helfe ihm“, schlug Ben vor.

Doch Ma schüttelte den Kopf. „Es ist sowieso noch nichts entschieden, also kümmert euch weiter um das Fest“, sagte sie. „Vergeßt die Sache mit dem Haus. Vielleicht bleiben wir ja für immer hier, wer weiß.“

Doch ich liebte unseren Pferdehof Zum Schwarzen Pony; nicht nur das Haus, sondern auch alle Tiere; die Wiesen, die Bäume, die Hecken, den wilden Garten, den wir nie richtig pflegten; den Bogen über dem Eingang zum Hof, sogar die alten Räume über den Ställen, die nie benutzt wurden, weil die Böden so morsch waren. Ich konnte mir nicht vorstellen, anderswo zu leben. Es wäre undenkbar.

Am Sonntag gingen Lisa und ich zur Kirche. Wir waren schon seit Ewigkeiten nicht mehr dort gewesen. Alle sahen uns an, als wir eintraten, und wir fanden nicht die richtigen Seiten im Gebetbuch. Dann, als die Predigt begann, kam Bob hereingelaufen und ließ sich neben unserer Bank nieder, und Lisa fing an zu kichern. Dann wurde für Gillian gebetet. Ich betete darum, daß wir unser Haus nicht verkaufen mußten.

Später, als wir draußen im Sonnenschein standen, entschuldigten wir uns für Bobs Auftauchen, doch der Pastor lachte nur und sagte, das wäre nicht schlimm; und wir waren uns auf dem Heimweg darüber einig, daß Leonard wirklich in Ordnung war.

„Die Gebete waren auch prima. Ich wollte bloß, Mrs. Ross wäre dabei gewesen und hätte sie gehört", sagte Lisa.

„Sicher wird Leonard sie jetzt mal besuchen", meinte ich. Doch Lisa sagte, dann würde Mrs. Ross ihm bestimmt die Tür vor der Nase zuschlagen.

„Warum denn?"

„So ist sie eben. Sie mag Pfarrer und Ärzte und Lehrer nicht. Sie haßt fast jeden“, erzählte mir Lisa.

„Arme Gillian. Wo ist sie denn jetzt?“ fragte ich.

„Im Krankenhaus, wo sie Medikamente bekommt, die ihr nicht helfen“, erwiderte Lisa.

„Woher weißt du das?“ fragte ich.

„Weil ich meine Ohren offenhalte“, antwortete Lisa und sah mich kriegerisch an, als erwarte sie, daß ich ihr nicht glaubte. „Wenn du's genau wissen willst, als du gestern dein Sattelzeug geputzt hast, bin ich zu Mrs. Ross gegangen. Ich hab ihr gesagt, daß wir das Geld für die Operation beschaffen werden. Natürlich hat sie mir nicht geglaubt. Dann hat sie aber gesagt, es wäre lieb von uns, daß wir's versuchen wollen. Sie wüßte zwar, daß wir nie genug Geld zusammenbekommen werden, aber sie würde unseren guten Willen anerkennen. Aber wir werden doch genug verdienen, oder, Harriet? Wir müssen einfach!“

„Wir können's nur versuchen“, sagte ich. „Abertausende von Pfund, das ist furchtbar viel Geld.“

„Wir stellen auch eine Sammelbüchse für Gillian auf. Der Pastor könnte sich danebensetzen. Dann weiß jeder, daß es für einen guten Zweck ist.“

„Ja, dafür brauchen wir einen eigenen Tisch. Wir können einen Zettel daraufkleben, auf dem steht:

Spenden für den Gillian-Ross-Fonds", sagte ich zögernd.

Ich sah schon vor mir, wie Scharen von Leuten Fünfpfundnoten in eine Sammelbüchse steckten; ich malte mir aus, wie wir am Ende des Tages Geldberge zählten. Dann stellte ich mir den Flughafen vor, einen Jumbo-Jet auf dem Rollfeld, und uns, wie wir Gillian nachwinkten, die in der Abflughalle verschwand – auf dem Weg zur Operation, die ihr das Leben retten würde. Doch ich wußte, daß das Rennen noch nicht begonnen hatte und daß es keine Garantie dafür gab, daß wir es gewinnen würden.

„So leicht ist das alles nicht", sagte ich zu Lisa, als wir unser Hoftor erreichten. „Wir können nicht damit rechnen, daß alles so klappt, wie wir's uns vorstellen. Wir können nur unser Bestes versuchen."

Für einen guten Zweck

Am nächsten Tag nahmen wir Plakate mit in die Schule, die James gemalt hatte. *Sommerfest für den Gillian-Ross-Fonds* stand darauf. *Verkaufsstände, Hunderennen, Ponyritte, Vorführungen und vieles andere. Eintritt 50 Pence, Kinder und Behinderte 25 Pence.* In eine Ecke war ein Pferd gezeichnet und in die andere ein Hund. Das Pferd hatte krumme Fesselgelenke und dicke Beine, aber der Hund sah Bob ähnlich.

Fast sofort machte mich jemand darauf aufmerksam, daß weder Ort noch Datum auf meinem Plakat standen, worauf ich beides mit Tinte daraufschrieb.

„Es ist nicht das endgültige Plakat“, sagte ich zu unserer Verteidigung. „Es ist nur für die letzten drei Tage in der Schule bestimmt.“

„Wahrscheinlich hat's dein verrückter Bruder gemacht“, sagte jemand.

Ich frage mich immer, warum die Leute James verrückt nennen. Er ist schrullig, unordentlich, wirkt wie ein Spinner, aber verrückt ist er bestimmt nicht!

Ich sagte: „Ich hab keinen verrückten Bruder. Falls du James meinen solltest, der kann gar nicht verrückt sein, weil er im Herbst auf die Universität geht. Also halt den Mund, verstanden?“

Mehrere Lehrer sagten, sie wollten das Datum in ihrem Kalender vermerken. Eine Lehrerin bot mir ein paar Nippsachen zum Verkaufen an, eine andere Pflanzen. Eine dritte Lehrerin, die Mrs. Cooke hieß, schlug einen Kofferraum-Verkauf vor.

„Wir haben nicht genug Leute, um zu helfen“, sagte ich.

„Aber ich kann das Ganze organisieren!“ sagte sie

und sah mich durch ihre Brille an, die einen rosafarbenen Rand hatte. „Ich kenne Gillian und möchte etwas für sie tun. In Ordnung?"

„In Ordnung", stimmte ich zu und fragte mich, was Ben und Lisa sagen würden, denn Ben hatte Mrs. Cooke schon oft mit einem Käfer verglichen, der gerade unter einem Stein hervorkriecht.

Ein paar Schüler wollten mehr über den Hunde-Wettbewerb wissen, und ich versprach, daß wir in den Dorfläden und in der Tierhandlung in der Stadt Listen aufhängen würden. Nun schien das Fest immer größere Ausmaße anzunehmen. Wir hatten auch *Tee und Erfrischungen* auf die Plakate geschrieben, doch ich fragte mich, wer die Erfrischungen servieren sollte. Und woher sollten wir all die Tassen und Teller nehmen, und würden wir auch Limonade brauchen, und vielleicht Eis?

Ben stand mit seinen Freunden an der Bushaltestelle und übersah mich, wie immer, wenn er mit ihnen zusammen ist. Die Sonne brannte auf die Straße und weichte den Asphalt auf. Meine Schulmappe war so voll, daß ich sie nicht mehr zubekam. Ich schien die einzige zu sein, die allein in der Hitze stand. Wahrscheinlich halten mich die anderen auch für verrückt, dachte ich düster und sah auf meine abgekauten Fingernägel und meine mit Tintenflecken beschmierten Finger nieder.

Später, als wir in der Küche saßen und Hefekuchen aßen, erzählte ich den anderen von Mrs. Cookes Vorschlag.

„O nein, bloß nicht Mrs. Cooke, sie ist so eine komische Tussi!“ stieß Ben hervor.

„Nein, das ist sie nicht, wenn sie uns helfen will“, rief Lisa.

Dann tauchte Ma auf. Sie hatte die Listen für den Hunde-Wettbewerb getippt. „Peter hat den Rasen für das Krocketspiel vorbereitet. Er ist wirklich ein Engel. Ich werde die Anmeldungen für den Wettbewerb entgegennehmen und Tombola-Losnummern benutzen. In Ordnung?“ fragte sie.

Wir nickten in schöner Eintracht.

„Mit dem Hindernisspringen machen wir's genauso“, sagte Ben.

„Mrs. Eastman hat angerufen, während ihr weg wart“, fuhr Ma fort. „Sie sagt, ihr könnt aus dem Rathaus Stühle, Tische und Geschirr zu leihen nehmen. Sie war ausgesprochen liebenswürdig und hat versprochen, sich nach zusätzlichen Helfern umzutun. Sie ist wirklich eine sympathische Frau.“

„Du bist ja heute sehr verschwenderisch im Verteilen von Komplimenten“, sagte Ben.

„Vater wird dafür sorgen, daß genügend Wechselgeld im Haus ist“, fuhr Ma fort, ohne ihn zu beachten.

„Wie wär's übrigens mit einer Tombola? Dann bräuchten wir allerdings noch ein paar Preise. Außerdem sind es nur noch neunzehn Tage bis zum Fest."

„Ich muß mit Ben die Vorführungen ausarbeiten. Wir haben noch nicht mal entschieden, was wir machen wollen", sagte ich, und meine Stimme klang wohl ziemlich verzweifelt, denn Ma erwiderte: „Mach dir keine Sorgen, Liebes, ihr schafft das schon. Peter stiftet bestimmt einen Preis für die Tombola, und Oberst Hunter auch. Papa kann vielleicht auch etwas von seinem Chef bekommen, und wir können noch mit dem Tierarzt reden. Sie sind sicher alle bereit, etwas zu stiften, schließlich ist es für Gillian. Es ist wirklich für einen guten Zweck."

Ben und ich verbrachten den Abend damit, unsere Vorführungen auszuarbeiten. Wir waren uns darüber einig, daß wir nur Solitär einsetzen wollten, und ich schlug vor, daß ich hinterher ein Schauspringen auf Prinz zeigen würde, ganz einfach; das hatten wir oft geübt, mein Pferd und ich.

Dann einigten wir uns auf einen Platz für die Vorführungen auf dem Hof und beschlossen, daß die Zuschauer durch den Bogen eingelassen werden sollten, der zu den Ställen führte. James sollte für die Krocketspiele, den Erfrischungsstand, den Handarbeitsstand und alles andere große Schilder malen.

4 9911-10

„Am besten sind Pfeile aus Pappkarton“, schlug Ben vor und sattelte Solitär, der nicht besonders begeistert wirkte, weil Peter vor kurzem mit ihm geritten war. Überall surrten Fliegen herum, und die Erde schien förmlich nach Regen zu rufen und wurde unter unseren Füßen zu Staub. Das Gras war trocken und gelb. Ich schleppte Steine herbei und legte sie so, daß ein großer Kreis entstand, während Ben einfache Kunststücke auf Solitär ausprobierte, die die beiden perfekt beherrschten.

„Ich sattle jetzt Prinz“, sagte ich nach zwanzig Minuten. „Wir üben weiter Reiten ohne Zügel.“

Prinz war großartig. Ich verknotete die Zügel, und bald ritten wir in einem ruhigen Galopp, wobei ich ihn fast nur mit Schenkeldruck und Gewichtsverlagerung lenkte. Prinz kannte mich eben, er spürte genau, daß ich ihn liebte; so vertraute er mir und reagierte vorbildlich auf meine Hilfen.

Schließlich blieben wir stehen; ich sah zum Himmel auf und sehnte den Regen herbei, denn ich wollte springen; doch der Boden war hart wie Beton, hart genug, um die kräftigsten Pferdebeine zu überanstrengen.

Schließlich brachten wir unsere Pferde auf die Koppel, holten Spaten und hoben einen Graben aus. Bald taten uns die Arme weh, und der Schweiß lief uns über die Gesichter.

„Und was ist, wenn die anderen nicht wollen, daß wir hier unsere Vorführung abhalten?“ fragte ich nach einiger Zeit und lehnte mich auf den Spaten.

„Es ist doch der beste Platz dafür. Man kommt unter dem Bogen durch und hat den Ring vor sich; und es ist nur ein paar Minuten vom Festplatz entfernt. Es gibt einfach keinen besseren Ort“, erwiderte Ben.

„Und der Hunde-Wettbewerb?“

„Der kann ja im gleichen Ring stattfinden. Meine Vorführung wird um vier Uhr sein, und anschließend deine“, sagte Ben.

„Wenn es regnet, ist der Graben voller Wasser“, sagte ich einen Augenblick später.

„Wir legen eine Plane drüber!“

Wir gingen ins Haus. Lisa stand in der Küche und reinigte das Pferdegeschirr.

„Wir müssen mit Jigsaw eine Kutschfahrt machen und dafür sorgen, daß er besser in Form ist“, erklärte sie.

„Wir könnten dann die Sachen aus dem Rathaus abholen“, schlug Ben vor.

„Wir haben einfach nicht genug Leute, die uns helfen. Letzte Nacht hatte ich einen Alptraum. Ich mußte alles allein machen. Es war schrecklich“, erzählte uns Lisa und rieb einen Lederriemen mit Sattelseife ein. „Und Bob hat alle Preise gewonnen. Ich hab ihn springen lassen. Übrigens, er ist in großartiger Form. Ich zeige es euch später", sagte sie.

Neue Poster lagen auf dem Küchentisch. Diesmal waren die Fesseln der Pferde besser ausgefallen, und James hatte auch Ort und Datum nicht vergessen. Auch die Tabelle für den Hundewettbewerb lag dabei. Darauf stand: *Klasse 1: Springen für Hunde unter vierzig Zentimetern. Klasse 2: Offenes Springen. Klasse 3: Hochspringen. Klasse 4: Wahl des bestabgerichteten Hundes. Klasse 5: Wettrennen. Klasse 6: Wettbewerb der alten Hunde. Klasse 7: Trostpreis-Rennen. Klasse 8: Wahl des Hundes, der seinem Herrn am ähnlichsten sieht.*

„Ma war im Tiergeschäft. Sie werden Preise stiften", berichtete Lisa. „Und Paps kriegt fünfzig Pfund von seinem Chef, wenn wir einen Stand mit Isolierglas aufstellen und Werbung dafür machen."

„Das Fest wächst uns über den Kopf. Ich kriege langsam richtig Angst", sagte ich bedrückt.

„Ich finde, Paps' Chef müßte hundert Pfund dafür zahlen, daß hier für seine Produkte geworben wird", meinte Ben. „Paps ist immer zu weich. Er kann sich nicht durchsetzen. Schließlich ist dies eine Wohltätigkeitsveranstaltung!"

Unser Pferdehof Zum Schwarzen Pony war also plötzlich ein Ort wilder Geschäftigkeit geworden.

Mrs. Tomson und Miss Steele arbeiteten fieberhaft und strickten Sachen wie Hüllen für Wärmflaschen und Kaffeewärmer. Jemand vom Frauenverein hatte angerufen und versprochen, einen Kuchenstand aufzustellen. James hatte eine Anzeige in unserer Lokalzeitung aufgegeben. Mrs. Eastman hatte wieder angerufen und gesagt, ihre Nichte würde beim Ponyreiten helfen. Leute, die wir nie zuvor gesehen hatten, tauchten bei uns auf und boten ihre Hilfe an. Paul Brind, ein Bauer aus der Umgebung, versprach, Strohballen zu liefern, auf denen die Leute während der Vorführungen sitzen konnten. Der Kohlenhändler bot uns einen Sack Kohlen als Preis für die Tombola an, und der Metzger versprach einen großen Rinderschlegel.

Bald konnten wir nicht mehr vor unser Gartentor treten, ohne daß uns jemand zurief: „Wie kommt ihr voran? Braucht ihr etwas? Können wir helfen?“ Über Nacht waren wir zum Mittelpunkt unseres Ortes geworden. Sogar Peters Tante erschien mit einem Stapel Bücher in einer Tragetüte. „Die sind für den Bücherstand“, erklärte sie, obwohl wir noch gar keinen vorgesehen hatten.

Dann war die Schule vorbei. Es regnete. Ben legte grüne Zweige in den Graben, den wir ausgehoben hatten, und die Pferde sprangen ohne Schwierigkeiten darüber. Gillian wurde aus dem Krankenhaus entlassen und war wieder zu Hause, und wir sahen sie blaß und erschöpft in dem kleinen Garten vor Mrs. Ross' Haus sitzen.

Unser Rasen war jetzt wieder grün und seidenweich. Mrs. Eastman kam zum Kaffee und bewunderte ihn. Das Fest sollte um ein Uhr mittags beginnen und um sechs Uhr abends enden. Paps hatte einen Eisverkäufer mit seinem Wagen bestellt. Mrs. Eastman sagte, die Pfadfinderinnen unseres Ortes würden Tee und Erfrischungen servieren, da Gillian Mitglied bei den Pfadfinderinnen gewesen war. Mrs. Cooke tauchte auf, um mit uns über den Kofferraum-Verkauf zu sprechen, und ging wieder, um die Erlaubnis dafür einzuholen, ihn auf dem Dorfplatz abzuhalten.

Überall hingen unsere Plakate. James begann die Papp-Pfeile anzufertigen. Auf zweien stand *WC*. Zum Glück haben wir vier Toiletten im Haus. Peter brachte die britische Fahne, damit wir sie über dem Tor aufhängen konnten. Ben übte seine Vorführung wieder und wieder, und Ma schimpfte, weil er ohne Reitkappe ritt.

Es ist schwierig, die folgenden Tage zu beschreiben Es regnete und regnete. Der Rasen wurde sumpfig, der Himmel war ständig wolkenverhangen. Unsere Stimmung sank auf den Nullpunkt. Wir sahen die ausgehobenen Gräben einsinken, die Hunde bei Gewitter laufen. Und die ganze Zeit strickten und häkelten Miss Steele und Mrs. Tomson um die Wette; sie arbeiteten sogar bei Tisch, während die Gänge serviert wurden.

Lisa besuchte Gillian und kam bedrückt zurück. „Es wird einfach nicht besser mit ihr.“ Sie setzte sich an den Küchentisch. „Und ihre Handgelenke sind so dünn wie Stöckchen.“

„Laß den Mut nicht sinken!“ erwiderte Ma, die Rosetten für den Hunde-Wettbewerb nähte.

„Ich hab ihr gesagt, daß sie nach Amerika fliegen wird. Ich hab gesagt, ich wünschte, ich könnte das auch. Aber eigentlich will ich's gar nicht. Lieber bin ich gesund und bleibe hier.“

„Wir müßten den Flug für sie buchen“, sagte Ben.

„Ja, das müßten wir, aber wir können es nicht“, erwiderte Ma und biß den Faden mit den Zähnen durch. „Das sollte dann ihre Mutter tun!“

Das Spielzimmer war voller Krimskrams und Nippsachen. Ich hatte nie zuvor so viele gebrauchte Kleidungsstücke gesehen. Virginia, die jetzt tagsüber arbeitete, kam abends vorbei, um die Sachen für ihren Second-hand-Verkaufsstand auszusortieren, für den sie überall Zettel aufgehängt hatte, so daß es in unserem Ort und der ganzen Umgebung jetzt nur noch so von Anschlägen wimmelte, die unser Fest betrafen.

Ich trainierte Prinz, bis er eine Hindernisbahn fehlerfrei bewältigen konnte. Wenn er das geschafft hatte, bekam er seine Leckerbissen, und das war mit der Grund dafür, daß er mehr und mehr Vergnügen an unseren Springübungen fand, bis er schließlich jedesmal, wenn ich mich auf seinen Rücken schwang, selbständig zum Vorführplatz ging.

Wir spannten Jigsaw vor den Ponywagen und fuhren mit ihm durch die Ortschaft. Limpet wurde longiert, und wir putzten sein Geschirr für die Ponyritte. Unser Programm für das Fest wurde immer umfangreicher, weil mehr und mehr Leute ihre Hilfe anboten. Oberst Hunter verbrachte jeden Nachmittag damit, allein Krocket zu spielen, weil niemand da war, der mit ihm spielte. Ma und Papa stellten eine Reihe von Hindernissen für den Hunde-Wettbewerb auf, darunter eine Art Hecke aus Lorbeerbüschen und ein Tor. Bob konnte jetzt sehr gut springen, und wir hatten die Hoffnung, daß er den Hochsprung-Wettbewerb der Hunde gewinnen würde. Inzwischen arbeiteten Ben und ich an der Hindernisbahn. Ich schlug mir mit dem Hammer auf meinen rechten Daumen, und er wurde blau. Oft waren wir vom Regen naß bis auf die Haut.

Dann klarte der Himmel völlig unerwartet auf, und die Sonne schien. Unsere Laune besserte sich. Plötzlich hatten wir das Gefühl, daß alles möglich war – sogar an einem einzigen Nachmittag mehrere tausend Pfund zu verdienen.

Doch das Leben ist ein einziges Auf und Ab, wie Ma immer sagt. Und wie stets hatte sie recht, denn plötzlich begann alles schiefzugehen.

Ein alter Soldat weint nicht

Eines Morgens wachte ich auf und hörte Hufgetrappel unter meinem Fenster. Ich sprang aus dem Bett, und als ich die Vorhänge zurückzog, sah ich, daß es noch dunkel draußen war. Wir hatten die Pferde auf der Weide gelassen, die wir „die lange Koppel" nennen. Sie ist mit einem Geländer aus Holzstangen umgeben und hat ein Gatter, das auf die vordere Wiese führt, wo unser Fest abgehalten werden sollte; außerdem ein kleineres Tor, von dem aus man zur unteren Wiese kommt. Dort war unsere Hindernisbahn aufgebaut.

Ich rannte die Treppe hinunter und begann die Tür aufzuschließen. Bob kam hinter mir hergelaufen; er bellte wild und weckte das ganze Haus auf, ohne sich darum zu kümmern, daß ich ihm zurief, er solle ruhig sein. Bald gingen überall die Lichter an, und ich hörte Türen klappen. Eine Sekunde später tauchten Lisa und Ben auf und schlüpften in ihre Morgenmäntel, während sie die Treppe hinunterliefen.

„Sind Einbrecher im Haus? Was ist los?“ schrie Lisa.

„Ich glaube, die Pferde sind ausgebrochen“, rief ich ihnen zu und zog meine Stiefel an, ehe ich die Außenbeleuchtung einschaltete. Ben, der immer am praktischsten von uns allen ist, rief: „Wir brauchen Halfter und eine Taschenlampe!“

„Und Hafer!“ fügte Lisa hinzu.

Jetzt erschien Oberst Hunter auf dem Treppenabsatz. Er sah aus wie ein alter Jagdhund und hielt eine Donnerbüchse in der Hand. „Was ist los? Sind Einbrecher da? Ich hab nicht geschlafen. Mir entgeht nichts!“ sagte er.

„Nein, es sind die Pferde“, erwiderte Ben beruhigend, ehe er nach einer Taschenlampe griff. Dann rannten wir ins Freie. Der Kies vor unserem Haus zeigte die Abdrücke vieler Pferdehufe. Etwas später fanden wir Prinz, der seelenruhig auf dem so sorgfältig gepflegten Rasten graste, während Solitär im Gemüsegarten stand und Kohl mampfte. Lorraine fraß Rosen von den Sträuchern, die die Auffahrt säumten.

„Nicht laufen. Langsam gehen. Redet mit ihnen!" murmelte Ben und beleuchtete Solitär mit dem Strahl seiner Taschenlampe.

„Ich hole Halfter und ein bißchen Hafer", sagte Lisa und lief in Richtung Stall.

In der Ferne donnerte ein Zug vorbei, der in Richtung London fuhr. Die Fenster waren erleuchtet. Ich untersuchte den Rasen mit dem Licht von Bens Taschenlampe. „Sie haben ihn ruiniert. Was sollen wir bloß machen?"

„Ihn wieder in Ordnung bringen", erwiderte Ben.

„Ach, einfach so?"

Ben nickte. Doch ich wußte, daß wir das nicht konnten, und stellte mir schon das Entsetzen vor, wenn es hell wurde. Ich sah Oberst Hunters altes Gesicht vor Enttäuschung noch faltiger werden und stellte mir vor, wie wütend unser Vater sein würde.

„Ich bin über die verdammte Schubkarre gefallen!" sagte Lisa und kam mit den Halftern zurück.

Als Solitär uns näherkommen sah, wirbelte er herum und galoppierte über den Rasen, wobei er verrückte Bocksprünge machte und übermütig schnaubte, während meine Stimmung auf den Nullpunkt sank. Ich streifte ein Stallhalfter über Prinz' Ohren. Auch in seinen besten Zeiten ist Solitär manchmal schwer einzufangen, und jetzt hatte er viel zu wenig Bewegung gehabt, da wir unsere ganze Zeit auf die Festvorbereitungen verwendet hatten. Er buckelte und sprang im Zickzack über den Rasen, als wäre das alles ein unheimlich komisches Spiel. Ben stand einfach nur da und sagte: „Brrr, ganz ruhig, sei ein guter Junge!“

Ich führte Prinz um die Rasenfläche. Dann fing Lisa Lorraine ein, die uns mit einer halbierten Rose zwischen den Lippen folgte. Ich dachte die ganze Zeit: Das wird Oberst Hunter das Herz brechen. Sein Krocketspiel ist total im Eimer! Bob lief hinter uns her; jetzt war der Pfad vom Lichtschein erhellt, der aus den Fenstern unseres Hauses kam.

Dann preschte Solitär an uns vorbei und machte einen letzten lustigen Bocksprung, der große Rasenstücke durch die Luft wirbeln ließ.

„Alle werden wütend sein. Wie zum Teufel sind sie bloß herausgekommen? Wer hat das Gatter offengelassen?“ jammerte Lisa.

Jetzt hatten sich unsere Augen an die Dunkelheit gewöhnt. Schon brach die Morgendämmerung herein, die Vögel fingen bereits an zu singen, blasse Streifen erschienen am Himmel.

„Aus dem Krocketspiel wird jedenfalls nichts, das ist mal klar“, sagte Ben, als Solitär mit durchdringendem, freudigem Wiehern auf den Stallhof galoppierte und

Limpet und Jigsaw ihm mit lautem Schnauben von der Übungskoppel antworteten.

„Ich wollte, es würde ewig Nacht bleiben, damit Oberst Hunter den Rasen nicht sieht. Ich kann's nicht ertragen, wenn er zu weinen anfängt!" sagte ich leise.

„Ein alter Soldat weint nicht", erwiderte Ben ernst.

„Sie werden alle furchtbar böse sein", meinte Lisa.

Wir brachten Lorraine und Prinz in ihre Boxen. Dann stürmte Solitär in seine Box und schaute in seine Futterkrippe, während Ben hinter ihm die Tür zumachte.

Niedergeschlagen gingen wir ins Haus zurück und fanden unsere Eltern in der Küche vor.

„Die Pferde sind ausgebrochen, wie?" fragte Papa vorwurfsvoll, als wir unsere Stiefel auszogen.

Ben nickte, während Ma jedem von uns einen Becher Tee in die Hand drückte.

„Ja, sie haben den Rasen ruiniert", sagte Ben leise zu unserem Vater, während Bob uns schuldbewußt beobachtete, den Schwanz eingezogen. Er fürchtete wohl, wir könnten glauben, er hätte das Unglück angerichtet.

Später am Tag sagte James: „Virginia hat es sich überlegt. Sie will jetzt nicht mehr gebrauchte Klamotten verkaufen. Statt dessen will sie ihren Pudel Sophy am Hunde-Wettbewerb teilnehmen lassen!"

„Aber sie hat's doch versprochen, und sie war ganz wild darauf", antwortete ich.

„Ich kann's nicht ändern, sie ist fest entschlossen."

Es war ein ziemlicher Schlag für uns, denn wir hatten damit gerechnet, daß wir mit dem Secondhand-Verkauf mindestens fünfzig Pfund verdienen würden. Unter den Kleidern waren nämlich auch ein paar schöne alte Kostüme, die ziemlich wertvoll waren.

„Wir müssen jemand anderen finden, der für Virginia einspringt. Ich rede mal mit dem Pastor, vielleicht übernimmt seine Frau den Stand", überlegte Ben.

Dann rief ein Junge an und fragte nach mir. Es stellte sich heraus, daß es Richard war, der eine Brille trägt und sehr musikalisch ist. Er ist überhaupt nicht mein Typ. „Ich möchte euch helfen. Sag mir, was ich tun soll", erklärte er.

Ben, der das Gespräch mithörte, fuhr dazwischen: „Sag ihm, er soll einen Freund mitbringen! Dann können sich die beiden um den Parkplatz bei der langen Koppel kümmern und fünfzig Pence von jedem verlangen."

Richard erwiderte, das würde er gern machen und daß er am Tag vor dem Fest vorbeikäme, um alles weitere mit uns zu besprechen.

„Du gefällst ihm. Das schmeichelt dir doch, oder?"

fragte Lisa in ihrer aufreizenden Art, als ich den Hörer auflegte.

„Nein, überhaupt nicht."

„Du heiratest bestimmt nie, Harriet", sagte sie als nächstes.

„Ich bin schließlich erst vierzehn. Soll ich vielleicht jetzt schon heiraten?" fragte ich empört. „Echt, Lisa, du wirst jeden Tag verrückter."

„Sie kann eine Heiratsvermittlung aufmachen, wenn sie älter ist, und damit Geld scheffeln." Ben lachte, ehe er losging, um mit Pastor Leonards Frau zu reden.

Das Spielzimmer war jetzt so mit Kleidern und Krimskrams vollgestopft, daß man sich nicht mehr darin bewegen konnte. Und es schien von Tag zu Tag mehr zu werden. Die Leute brachten alles in Plastiktüten zu uns. Manche Kleidungsstücke waren schmutzig und muffelten. Ma meinte, die Leute hätten die Sachen vorher waschen und aussortieren müssen.

„Was ist, wenn wir auf allem sitzenbleiben?" fragte ich.

„Dann bringen wir's zur Kleidersammlung", beschloß unsere Mutter.

Am Nachmittag wollte ich mit Prinz ausreiten. Ich ritt über den Dorfplatz und den alten Saumpfad hinunter, der schon vor Jahrhunderten angelegt worden war. Während ich ritt, betete ich darum, daß der Pferdehof Zum Schwarzen Pony immer uns gehören würde. Ich betete um neue Gäste und neue Badezimmer. Gillian und das Fest vergaß ich völlig. Plötzlich zählte für mich nur noch, daß mit unserem Pferdehof alles so blieb, wie es war; daß wir und unsere Tiere zusammenbleiben würden.

Prinz ging mit weitausgreifenden, schwingenden Schritten, die Mähne dunkel gegen den kastanienbraunen Hals. Ich konnte mir das Leben ohne ihn nicht mehr vorstellen. Jetzt wußte ich erst, wie glücklich wir waren und wieviel besser wir es hatten als viele andere Menschen; das war mir früher nie bewußt gewesen, da wir immer alle wie verrückt geschuftet hatten, damit wir über die Runden kamen.

Ich ritt endlich wieder heimwärts. Ma zeigte gerade einer Frau mit zwei Kindern das Haus. Ein Mann mit Bürstenhaaren folgte ihnen.

„Darf ich Ihnen meine älteste Tochter Harriet vorstellen?“ sagte Ma. Und zu mir: „Das sind unsere neuen Gäste, Liebes. Die Kinder werden in den Mansarden schlafen. Du brauchst also nicht aus deinem Zimmer auszuziehen.“

Die „Kinder“ waren beide Jungen. Einer von ihnen hatte ein Gesicht wie ein Wiesel; der andere war ziemlich kräftig und hatte einen großen Mund. Ich verspürte auf Anhieb eine unerklärliche Abneigung gegen die beiden. Vielleicht war meine düstere Stimmung daran schuld; vielleicht würde ich meine Meinung über die Jungen noch ändern. Ich hoffte es sehr, während ich aus dem Sattel stieg, denn schließlich hatte ich doch darum gebetet, daß neue Gäste auftauchen würden. Ich zwang mich also zu einem Willkommenlächeln und hörte mich selbst sagen: „Hoffentlich gefällt es Ihnen bei uns, und hoffentlich mögen Sie unsere Pferde."

„Das ist Darren und das Gary", sagte Ma und tätschelte den beiden Jungen die Köpfe.

„Und wir heißen Linda und Tony", fügte der Mann lächelnd hinzu.

„Und das ist Prinz", sagte ich, ebenfalls lächelnd.

Später erklärte Ma, daß die neuen Gäste nur drei Wochen hierbleiben würden. „Wir brauchen das Geld", sagte sie.

„Oberst Hunter wird sie bestimmt nicht mögen", meinte Ben.

„Er verläßt uns sowieso bald. Es ist also unwichtig", erwiderte Ma.

Unsere neuen Gäste hießen Stamp. Sie bestanden darauf, beim Abwaschen zu helfen, und bestaunten unser Eßzimmer voller Ehrfurcht. Sie ließen ihre Servietten auf dem Boden liegen, und die Jungen verstreuten ihre Spielsachen im ganzen Haus. Hätten

5 9911-10

unsere alten Gäste sich nicht bereits entschlossen, uns zu verlassen, hätten sie es wohl jetzt getan. Wir beklagten uns nicht und litten schweigend. Glücklicherweise nahm das Fest unsere ganze Zeit in Anspruch. Doch so sehr wir uns auch bemühten, den Stamps konnten wir nicht entfliehen, denn sie waren lästig wie Fliegen, standen einem immer im Weg und stellten blöde Fragen wie: „Warum kratzt ihr ihnen die Hufe aus?" und „Warum schneidet man die Mähne nicht mit der Schere?" und „Warum nennt ihr ihn Prinz?" Dauernd fütterten sie die Pferde mit Keksen und Schokolade, es war furchtbar.

Bald mochten wir nicht mehr fernsehen, denn die Stamps saßen abends unentwegt vor dem Bildschirm. Die älteren Gäste hielten sich jetzt mehr und mehr in ihren Zimmern auf, um den Stamps zu entkommen. Oberst Hunter wirkte plötzlich älter und hinfälliger. Miss Steele und Mrs. Tomson schimpften leise vor sich hin, und Papa kam abends immer später nach Hause. Ich glaube, keiner von uns traute den Stamps, obwohl ich nicht weiß, warum.

Linda Stamp rauchte und ließ ihre Zigarettenkippen in den Blumentöpfen und auf Tellern liegen. Die Kinder verstreuten überall Bonbonpapier. Und auf unerklärliche Weise hatten wir wohl alle irgendwie Angst vor dem Ehepaar Stamp.

Ich versuchte, meine Meinung für mich zu behalten, aber keiner konnte abstreiten, daß die Stimmung im Haus innerhalb von zwei Tagen völlig verändert war. Der Frieden war dahin. Plötzlich konnten wir uns nirgendwohin mehr zurückziehen, denn die Stamps folgten uns wie gelangweilte Hunde, und wir trauten uns nicht zu sagen: „Verschwindet!“ oder „Kommt nicht in mein Zimmer, ohne anzuklopfen!“, denn wir brauchten das Geld. So war das Leben nun einmal.

Und dabei rückte das Fest immer näher, und unsere Vorbereitungen wurden zusehends hektischer.

Miss Steele häkelte für Ben eine gestreifte Mütze mit Quasten, die er über seinem Sturzhelm tragen konnte. James schrieb das Festprogramm, das folgendermaßen ausfiel:

Fest auf dem Pferdehof zum Schwarzen Pony!
(dahinter das Datum und die Zeit) Der Erlös geht
an den Gillian-Ross-Fonds. Eintritt: 50 Pence,
Kinder und Behinderte 20 Pence.
Großer Ring:
13.00 h: Hunde-Wettbewerb
Schiedsrichter: Rittmeister Peter D. Matthews
16.00 h: Vorführung von Ben Pemberton auf
Solitär

16.15 h: Vorführung von Harriet Pemberton auf Prinz
17.00 h: Tombola-Verlosung durch Pastor Leonard und Preisverteilung
Weiteres Programm:
Springturnier von 13.00 bis 17.00 Uhr
Ponykutschfahrten
Ponyritte
Krocketspiele
Außerdem:
Kofferraumverkauf auf dem Dorfplatz, geöffnet von 13.00 Uhr bis 16.00 Uhr
Kuchengewichtsraten
Süßigkeitenraten
Handarbeitsstand
Kuchenstand
Verkauf von Second-hand-Kleidung
Tombola
Wohltätigkeitsbasar

Und jetzt stellte sich auch heraus, daß wir noch immer nicht genügend Helfer hatten.

„Wir könnten die Stamps fragen", schlug Lisa vor.

„Die helfen uns bestimmt nicht. Sie tun nichts, was ihnen kein Geld einbringt. Sie sagen, der Staat müßte sich um Gillian kümmern. Ich hab gehört, wie sie es zu Ma gesagt haben“, erwiderte Ben. „Sie haben gesagt, sie glauben, daß man Wohltätigkeit den reichen Leuten überlassen sollte, die nichts anderes zu tun haben.“

Ich hätte gern einen großen Ritt unternommen und sehnte mich danach, Prinz zu reiten. Doch das Fest nahm unsere ganze Zeit in Anspruch. Und obwohl ich am liebsten ein paar Brote eingepackt hätte und mit Prinz verschwunden wäre, um fortzureiten und erst in der Abenddämmerung nach Hause zurückzukehren, blieb mir einfach keine Zeit dazu.

James lieh eine Lautsprecheranlage aus. Er hatte jetzt am anderen Ende des Ortes einen Aushilfsjob als Gärtner angenommen, so daß er jeden Morgen um acht aus dem Haus ging und es Ben und mir überließ, den Gästen das Frühstück zu machen. Ich haßte es, die Stamps zu bedienen. Sie fuhren mit dem Messer in die Marmelade, anstatt den Löffel zu benutzen, den wir ihnen hinlegten. Ben spielte den Ober mit vielen komischen Verbeugungen, Bob folgte uns und fraß Kuchenkrümel vom Boden und Krusten, die vom Frühstücksspeck abfielen.

Jetzt begann auch das Telefon unablässig zu klingeln. Jeder hatte Fragen, die das Fest betrafen.

Limpet und Jigsaw waren seit Ewigkeiten nicht mehr richtig bewegt worden. Es fehlte uns immer noch an Helfern. „Wenn Virginia uns nicht im Stich gelassen hätte, könnte Gloria einen anderen Verkaufsstand übernehmen", sagte Ben mürrisch, denn seine Freundin Gloria hatte sich angeboten, die gebrauchte Kleidung zu verkaufen.

Miss Steele und Mrs. Tomson waren phantastisch. Sie hatten schon früher Wohltätigkeitsfeste organisiert. Sie besorgten Lotterielose und halfen Ma, die alten Kleider zu sortieren. Dabei lachten sie und sagten, sie kämen sich vor wie in alten Zeiten.

Eines Abends tauchte Richard mit einem Freund auf, Joseph. Er war groß und trug eine Halskette. Sie schritten den Parkplatz ab und stellten viele Fragen. Später standen sie in der Küche und redeten, während wir das Abendessen zu machen versuchten. James gab ihnen Kaffee. Ben machte ein finsteres Gesicht. Später folgten sie mir zu den Pferden und stellten wieder jede Menge Fragen. Ich wünschte, sie würden weggehen und nie wiederkommen.

„Du bist so unromantisch!" sagte Lisa, als sie weg waren. „Merkst du denn nicht, daß Richard für dich schwärmt?"

Ich gab keine Antwort, weil ich nicht wollte, daß Richard für mich schwärmte. Ich mochte ihn nicht besonders. Und ich wollte nicht erwachsen werden, jetzt jedenfalls noch nicht.

„Du wirst schrecklich alt, Harriet“, sagte Lisa. „Findest du nicht, daß es langsam Zeit für einen Freund wird?“

Ich warf ihr eine Handvoll Heu an den Kopf und ging ins Haus. Und jetzt waren es nur noch zwei Tage bis zum Fest. James saß vor dem Radio und hörte sich den Wetterbericht an. „In den nächsten Tagen soll's Gewitter geben“, sagte er.

„Dann brauchen wir Zelte. Was kostet es, ein großes Zelt zu mieten?“ fragte ich.

„Hunderte“, erwiderte James.

Doch es war zu spät, Zelte auszuleihen, ganz gleich, was es auch kostete. Wir sahen uns an und stellten uns nasse Second-hand-Kleidung und durchweichte Handarbeiten vor.

Wir beschlossen, nicht auf das Wetter zu achten. Inzwischen waren schon viele Preise für unsere Tombola eingetroffen. Der Lebensmittelhändler hatte einen Geschenkkorb geliefert, der Frauenverein hatte hausgemachten Wein und Schokoladenkuchen geschickt, Mrs. Brind hatte ein Dutzend Eier von freilaufenden Hühnern gebracht, und Papas Firma wollte zwei Isolierglasfenster stiften. Der Elektriker unserer Ortschaft hatte uns einen Fernsehapparat geschenkt. Peter verfertigte ein Fahnentuch aus alten Kleidungsstücken, suchte Musik aus, die wir über den

Lautsprecher bringen konnten, und brachte den Rasen für das Krocketspiel wieder in Ordnung, so daß man kaum noch Hufspuren mehr sah. Nur die Stamps spazierten herum und halfen uns nicht; sie beharrten noch immer darauf, daß der Staat für Gillians Flug und Behandlung zahlen sollte. „Dafür ist er schließlich da", sagten sie.

Sie hatten auch eine seltsame Zeiteinteilung. Oft waren die Eltern Stamp zum Abendessen nicht hier; sie kamen dann spätabends zurück und erwarteten einen Imbiß, wenn alle anderen Gäste schon zu Bett gegangen waren. Für gewöhnlich kochte Linda Stamp dann selbst noch etwas und ließ die Bratpfanne schmutzig zurück. Am nächsten Morgen tauchten sie hohläugig und ausgehungert zum Frühstück auf.

„Wahrscheinlich gehen sie noch in eine Bar", meinte Ma. „Manche Leute können einfach nicht leben, ohne abends noch in Bars herumzusitzen." Ma akzeptierte die Stamps, wie sie alle Leute akzeptierte, und beklagte sich nie.

Ben übte seine Rolle als Clown ein. Er schlug Purzelbäume im Hof und setzte eine Pappnase auf, während ich ihm zusah und mich fragte, wie wohl am Tag des Festes alles laufen würde, von dem uns jetzt nur noch achtundvierzig Stunden trennten.

Plötzlich schien es mir unmöglich, daß alles rechtzeitig fertig sein würde. Ich sattelte und zäumte Prinz und ritt mit ihm über die Hindernisbahn, die Zügel fest in der Hand. Er war sehr schnell und machte keinen einzigen Fehler. Ich war zugleich freudig erregt und voller Angst.

Lisa brachte Bob immer mehr Kunststücke bei. James markierte die Stellen für die verschiedenen Verkaufsstände. Lieber Gott, laß das Wetter am Samstag schön sein! betete ich. Nicht für uns, sondern für Gillian!

Inzwischen bastelte Tony Stamp an seinem alten Auto herum, das so rostig war, daß wir uns fragten, wie es durch den TÜV gekommen war. Gary und Darren saßen vor dem Fernseher, während Linda in der Küche stand und rauchte.

Man konnte förmlich spüren, wie die Aufregung wuchs, so daß unsere Nerven bis zum Zerreißen gespannt waren. Ohne es richtig zu merken, warteten wir wohl alle darauf, daß irgend jemand zu schreien anfing, so wie man auf ein Gewitter wartet, wenn der Himmel voll dunkler Wolken ist.

Seltsamerweise kam mir Tony Stamp irgendwie verdächtig vor, und ich glaube, so ging es uns allen. Doch Ma meinte, er hätte für die drei Wochen im voraus bar bezahlt, also könnten wir die Familie nicht einfach vor die Tür setzen. Sie sagte immer wieder: „Es sind ja nur noch zwei Wochen."

Wenn das Fest nicht gewesen wäre, wären mir diese Tage wie die längsten meines Lebens vorgekommen. Ich verbrachte jetzt fast all meine Zeit im Freien, um den beiden Jungen auszuweichen. Die Mansardenzimmer waren mit Spielsachen und Kleidungsstücken übersät, so daß Peggy, unsere Putzhilfe, mit Kündigung drohte. Und obwohl unsere Pferde von den Stamps immer noch mit Leckerbissen gefüttert wurden, merkte ich doch auch, daß sie Tony Stamp nicht mochten, so, als wüßten sie, daß etwas mit ihm nicht stimmte. Tiere spüren so etwas. Und die ganze Zeit über arbeiteten Ben und ich an unseren Vorführungen, die noch immer nicht perfekt waren. Wir waren beide nervös und angespannt, und die Pferde fühlten es, was die Sache natürlich nicht besser machte.

Um uns zu trösten, sagte Lisa immer wieder: „Das einzige, was zählt, ist das Geld für Gillian. Hauptsache, die Leute kommen und zahlen. Macht nicht so viel Wirbel!"

Doch ich konnte nicht anders, denn jetzt hatte ich schon Alpträume, in denen Solitär stürzte und Ben unter sich begrub und die Stamps unser Haus anzündeten und dann schrien: „Macht nichts. Die Versicherung zahlt!"

„Ich wollte, es wäre schon vorbei"

Am Tag vor dem Fest regnete es. Ich putzte Prinz' Sattelzeug und unser Pferdegeschirr. Lisa säuberte Limpets Sattelzeug. Alle waren bedrückt. James verschwand, um Virginia zu besuchen. Paps fuhr zur Arbeit. Ben übte seine Vorführung wieder und wieder, zweimal fiel er vom Pferd. Dreimal mußte ich Solitär einfangen.

„Du bist hoffnungslos. Gib's auf", sagte ich.

„Schlechte Generalprobe, gute Aufführung", erwiderte Ben. Er sprang wieder auf Solitärs Rücken, glitt dann über seinen Schweif nach unten, sprang erneut und jonglierte mit Bällen. Er trug Jeans und einen Pulli, machte ein finsteres Gesicht und sah nicht im geringsten wie ein Clown aus. Sorgfältig rieben wir Solitär ab und brachten ihn in seine trockene Box. Der Hof war voller Pfützen. Als wir ins Haus gingen, stellte Ma gerade die Tombolapreise auf den Tisch in der Halle.

Später gingen Lisa und ich wieder ins Freie, um die Hürden fürs Springturnier auszumessen. Wir hatten beschlossen, daß 76 Zentimeter hoch genug war, und daß nur zwei Durchgänge gestattet waren. Ma hatte fünfzig rote Rosetten bestellt. Lisa stellte Kopfrechnungen an.

„Wenn wir hundert Karten verkaufen, haben wir fünfzig Pfund“, sagte sie. „Und bei zweihundert kriegen wir hundert Pfund.“

„He!“ rief ich. „So viele sind’s nie, weil kein Mensch von weither angefahren kommt, nur um ein Hindernisspringen zu sehen.“

Plötzlich war ich richtig bedrückt. Ich stellte mir den Parkplatz leer vor und Pastor Leonard, wie er den ganzen Tag auf Spenden wartete, die nicht kamen. Ich malte mir aus, wie wir Mrs. Ross sagen mußten, daß wir es nicht geschafft hatten, dachte an nasse Kuchen und durchweichten Krimskrams und ganze Stöße nasser Kleidung, die sich im Spielzimmer stapelten. Und das Schlimmste von allem war die Vorstellung von Gillian, die immer elender wurde.

Es regnete noch immer. Wir brachten die Pferde in den Stall. Ben sah erschöpft aus. Seine Vorführung war noch immer nicht so, wie er sie haben wollte. Solitär machte nicht mit, und Ben hatte seine Clownhose zerrissen. Obwohl Miss Steele sie auf ihrer Nähmaschine flickte, fürchtete er doch, die Hose konnte in einem unpassenden Augenblick wieder zerreißen.

„Wenn das passiert, lachen die Leute. Es macht

nichts aus. Sie denken sicher, es gehört zur Vorführung“, sagte ich tröstend.

„Sehr komisch!“ bemerkte Ben.

Beim Abendessen war Oberst Hunter sehr still. Miss Steele und Mrs. Tomson meinten, man müßte ein Zelt bereitstellen, wenn es regnete, so als wäre das die einfachste Sache der Welt. „Sie können Ihre Handarbeiten in der Halle verkaufen, falls es noch regnet, keine Sorge“, sagte Ma.

Wieder kamen die Stamps zu spät zum Essen. Sie sagten, sie hätten eine Autopanne gehabt. Peter war von seiner Tante zum Abendessen eingeladen. Papa mußte länger arbeiten, und der Regen strömte unablässig vom Himmel.

„Ich wollte, es wäre schon alles vorbei!“ sagte Ben plötzlich. „Ich wollte, es wäre Sonntag und wir bräuchten uns keine Sorgen mehr zu machen. Hat jemand meinen Inhalator gesehen? Ich glaube, ich kriege einen Asthmaanfall.“

„Der ist neben deinem Bett. Beruhige dich. Wir werden einfach alle unser Bestes tun, mehr können wir nicht“, sagte Ma und servierte Würstchen. „Immerhin haben wir alles versucht, um dem armen Kind zu helfen.“

Später rief Richard an und fragte: „Findet das Fest auch bei Regen statt?“

„Klar. Es wird auf alle Fälle abgehalten“, erwiderte ich. „Tschüs dann, bis morgen.“

Paps erschien total ausgehungert und mußte feststellen, daß wir alles aufgegessen hatten. Der Regen schlug gegen die Fensterscheiben, fand einen Weg unter der Hintertür und bildete eine Pfütze auf dem Flur.

„Ich rede nie wieder mit Gott, wenn's morgen nicht schön ist!“ drohte Lisa.

„Das wird ihn freuen. Vermutlich hat er deine weinerliche Stimme längst satt“, erwiderte Ben unfreundlich. „Jedenfalls würde es mir so gehen, wenn ich Gott wäre.“

Lisa ging wütend ins Bett, während ich noch ins Freie schlüpfte, um Prinz in seinem Unterstand auf der Koppel gute Nacht zu sagen. Er wieherte leise und beklagte sich nicht. Alles roch nach Land, nach Feuchtigkeit und Blättern. Ich stand im Regen und rief verzweifelt zum Himmel: „Verschwindet endlich, Wolken, bitte! Verderbt uns morgen nicht alles! Trocknet aus oder verschwindet!“

Doch wie ich da in der Abenddämmerung stand, im strömenden Regen, hatte ich wenig Hoffnung, und während ich ins Haus ging, dachte ich: Vielleicht liegt es an Gillian. Vielleicht ist sie zum Sterben verurteilt, und nichts kann ihr helfen, vielleicht ist es Schicksal. Ich wünschte plötzlich, ich könnte an Gott oder die

Sterne oder sonst etwas glauben, denn in diesem Augenblick schien es keine Hoffnung für unser Fest zu geben, und ich hatte das Gefühl, daß uns nichts als ein großer Mißerfolg bevorstand.

Am nächsten Morgen wachte ich auf und hörte draußen den Regen plätschern. Es war sieben Uhr, aber solange es regnete, schien es mir sinnlos, aufzustehen.

Dann erschien Ben. „Los, wir müssen's packen. Ich hab letzte Nacht einen Alptraum gehabt und dann einen furchtbaren Asthmaanfall, und jetzt hab ich Ausschlag an den Händen. Schau mal", sagte er.

Ich mochte nicht hinsehen. Ben wirkte nach außen so ruhig, aber innerlich war er oft voller Angst.

In diesem Augenblick kam Lisa die Mansardentreppe heruntergepoltert und schrie: „Es ist schon nach sieben! Und heute findet das Fest statt. Steht auf! Es ist schon nach sieben!"

„Wenn sie bloß nicht immerzu alles wiederholen würde", beklagte sich Ben.

„Als wüßten wir nicht, was heute für ein Tag ist", sagte ich. „Wir werden's nie schaffen, genug Geld zu verdienen. Das weißt du doch auch? Ein paar hundert Pfund, wenn wir Glück haben", fuhr ich fort. „Und damit kann man nicht einmal ein Flugticket nach Amerika kaufen."

„Die Dachrinnen fließen über“, stellte Ben fest, der aus dem Fenster sah. „Wir werden einen Traktor brauchen, um die Autos aus dem Feld zu ziehen. Wir brauchen unbedingt einen Traktor, Harriet.“

Ich nickte. Am liebsten hätte ich weitergeschlafen, um erst wieder aufzuwachen, wenn das Fest vorüber war. Wie gern hätte ich diesen Tag übersprungen!

Ben ging aus dem Zimmer, und ich zog mich an. Als ich nach unten kam, waren fast alle in der Küche versammelt.

„Kinder, es ist doch nicht das Ende der Welt. Wir werden nicht weggeschwemmt“, sagte Ma gerade. „Die Hunde können jedenfalls springen und ihre Kunststücke vorführen.“ Doch der Ton ihrer Stimme strafte ihre Worte Lügen.

„Und die Second-hand-Kleidung ist wasserfest“, sagte Ben. „Das Hindernis im Graben wird trotz des Regens aufgeschichtet, und die Leute werden zu Hunderten in Gummistiefeln und Regenumhängen auftauchen. Du bist ein unverbesserlicher Optimist, Ma!“

„Es ist erst halb acht, also frühstückt jetzt ordentlich, weil wir heute keine Zeit fürs Mittagessen haben werden“, erwiderte sie.

Nach dem Frühstück stellte ich draußen bereit, was ich für meine Vorführung brauchte: Plastiktüten, gefüllt mit Stroh, drei Cavaletti, eine alte Tür, die rot, weiß und blau gestrichen war, eine Wäscheleine, mit Staubtüchern behängt, und komische lange Unterhosen, die ich aus dem Berg mit alten Kleidungsstücken gefischt hatte. Über diese Gegenstände wollte ich jedesmal springen, ehe ich Prinz in der Mitte der Bahn auf der Hinterhand wenden ließ. Ich betete darum, daß Prinz in guter Stimmung war.

Dann sah ich zum Himmel auf, entdeckte einen blauen Streifen mitten in den Wolken und rief: „Es klart auf, es wird schön!“ Und alle jubelten.

Dann kam James gerannt; er fuhr den Landrover aus der Garage und rief: „Hilfst du mir, die Tische aus dem Rathaus zu holen, Harriet? Mach schnell!“

Ben begann den Parkplatz mit Seilen abzusperren, während Paps mit seinem Wagen verschwand, um die Schaustücke für die Isolierglas-Vorführung abzuholen.

„Gott hat uns also doch erhört!“ rief Lisa, während die Wolken sich langsam teilten. Dazwischen zeigte sich blauer Himmel, und die Wolken verschwanden immer mehr, bis der ganze Himmel blau und blankgefegt war.

Als nächstes tauchte Miss Steele auf und rief gebieterisch: „Wo ist mein Tisch, Harriet? Ich möchte ihn sofort aufstellen. Ich hab schließlich nicht den ganzen Tag Zeit!“

6 9911-10

„Es ist erst halb neun, wir holen die Tische jetzt ab", sagte James, während ich mich neben ihn in den Landrover setzte und merkte, wie ich immer bessere Laune bekam. Dann fuhren wir zum Rathaus und begannen Tische und Stühle, die wir ausleihen wollten, in den Landrover zu verfrachten. „Wir werden mindestens dreimal fahren müssen", sagte James.

Wie soll ich diesen Morgen beschreiben? Wir erledigten alles im Laufschritt; keiner dachte an das Mittagessen. Der Schweiß lief uns über die Gesichter. Prinz trat auf meinen Fuß. Solitär entkam aus seiner Box, rannte durch den Garten und wühlte den Kies auf. Dann trampelte er noch zwischen den Tischen herum und hinterließ Verwüstung, während alle durcheinanderschrien und Ben nur dastand und lachte. Jigsaw hatte sich inzwischen genüßlich gewälzt und war voller Schmutz.

Inzwischen hatte James die Lautsprecheranlage installiert und testete sie unentwegt, indem er ständig „eins, zwei, drei, vier" sagte, statt uns mit den Tischen zu helfen. Endlich trafen die Pfadfinderinnen ein und übernahmen das Regiment in der Küche.

Peter harkte den Kiesweg. Ma baute ein kleines Zelt auf, das sie irgendwo gefunden hatte, und heftete ein Schild daran, auf dem stand: *Hunde-Wettbewerbs-Bü-*

ro. Und die ganze Zeit schien die Sonne wie ein Wunder.

Richard traf mit seinem Freund ein. Ich fand Stühle für sie, auf die sie sich setzen konnten, und versprach, daß mein Vater ihnen Wechselgeld bringen würde. James hatte die Schilder aufgehängt, auf denen *Parkplatz* und *WC* stand, und einen weiteren Pfeil, der zum Haus deutete und die Aufschrift *Tee und Erfrischungen* trug.

Es war jetzt halb zwölf, und ich hatte mir noch nicht einmal die Haare gekämmt. Miss Steele und Mrs. Tomson hefteten Preise an ihre Handarbeiten, während Gloria die Second-hand-Klamotten auf Kleiderbügel hängte. Die Kuchen trafen in Kartons und Tragetüten ein, dazu immer mehr Handarbeiten und Krimskrams.

„Hallo, Harriet, wo ist mein Platz?" fragte Pastor Leonard, der mit dem Fahrrad kam. Wir hatten seinen Tisch vor dem Haus aufgestellt. In der Nähe wehte die britische Fahne, und darunter war ein riesiges Schild, auf dem stand: *Gillian-Ross-Fonds – bitte spenden Sie, so viel Sie können!* Wir hatten auch ein Foto von Gillian daraufgeklebt, auf dem sie blaß und ziemlich mitleiderregend aussah.

Leonard nahm seine Hosenspanner ab und sagte: „Das hast du wunderbar gemacht, Harriet, wirklich großartig!"

„Ich hab Ihren Stand nicht hergerichtet, es war James", erwiderte ich. „Und Sie müssen bitte auch auf die Tombolapreise aufpassen, wenn Ihnen das nichts ausmacht."

„Kein Problem. Was für ein schöner Tag!" sagte er und sah sich um. „Und alle sind gekommen, Harriet, der ganze Ort hilft mit!"

Mrs. Cooke erschien als nächste. „Sie wollen nicht, daß wir den Verkauf auf dem Dorfplatz abhalten. Sie sagen, es ist Gemeindeland", jammerte sie. „Was soll ich machen? Ich hab schon den Bürgermeister und den Rektor gefragt, aber offenbar nützt das nichts!"

„Wer macht Ihnen denn Schwierigkeiten?" fragte der Pastor.

„Die Meachers", sagte Mrs. Cooke.

„Komm mit, Harriet. Wir nehmen euer Auto und reden mit ihnen!" rief der Pastor. „Die Sache eilt", und er schob mich in den Landrover.

Die Meachers wohnten in einem neuen Haus am Rand unseres Ortes. Der Pastor kam sofort zur Sache. „Diese großartigen Kinder vom Pferdehof veranstalten heute ein Fest, um das Geld für die Operation eines Mädchens aufzubringen, das eine Spezialbehandlung in Amerika braucht, um zu überleben", erklärte er, während Mr. und Mrs. Meacher vor uns standen.

„Und wo ist das Problem?" fragte Mr. Meacher, der

einen großen schwarzen Schnurrbart hatte.

„Sie verbieten Mrs. Cooke, den Kofferraum-Verkauf auf dem Dorfplatz abzuhalten, das ist das Problem“, erklärte der Pastor.

„Was ist das, ein Kofferraum-Verkauf?“ fragte Mrs. Meacher lächelnd.

„Es ist geplant, daß auf dem Dorfplatz ungefähr ein halbes Dutzend Autos stehen sollen, deren Besitzer je vier Pfund dafür zahlen, um aus dem Kofferraum Sachen zu verkaufen, die sie nicht mehr brauchen. Nichts Unrechtes, und alles, um einem kranken kleinen Mädchen zu helfen“, erwiderte der Pastor, ebenfalls lächelnd. „Unter diesen Umständen können Sie doch nicht nein sagen, oder?“

„Wir wollten nur gefragt werden. Aber gut, halten Sie den Verkauf ab, wir werden kommen. Wann fängt das Fest an?“ fragte Mrs. Meacher und warf dem Pastor unter ihren langen Wimpern einen Blick zu.

„Um ein Uhr!“ rief ich laut und erleichtert.

Als ich wieder zu Hause war, kämmte ich mich, wusch mir das Gesicht und zog meine besten Jeans an und mein kariertes Lieblingshemd. Es war jetzt fast halb eins, und James sagte noch immer: „Eins, zwei, drei, das ist ein Lautsprechertest!“

„Da ist Rosie! Sie ist extra von London hergekommen!“ rief Lisa. „Hallo, Rosie, prima, daß du da bist! Wie geht’s dir?“ Die beiden umarmten sich.

„Also gut, wir übernehmen die Ponykutschfahrten, nicht, Rosie?“ rief Lisa gleich darauf. „Ben kann sich um das Springen kümmern und Harriet ums Ponyreiten. O Rosie, ich freue mich so, dich zu sehen, echt!“

Ich sagte zu Sharon: „Ich zeig dir, was du tun sollst. Keiner darf mitmachen, der älter als zehn ist, weil Limpet ein kleines Pony ist.“

„Ich kann nicht lange bleiben, ich bin mit Freunden hier“, sagte Sharon und spähte über den Stallhof. Ich dachte, daß sie wahrscheinlich nach Ben Ausschau hielt, weil alle Mädchen für ihn schwärmen.

Jetzt kamen die Besucher hereingeströmt wie ein Schwarm Bienen. Über den Lautsprecher erklärte James das Fest für eröffnet. Dann meldete sich Pastor Leonard zu Wort und wünschte allen einen schönen Nachmittag; er bat die Leute, großzügig zu sein, um Gillian Ross zu helfen.

Lisa sah mich triumphierend an. „Alles wird klappen. Es funktioniert, Harriet. Wir werden Tausende von Pfund verdienen. Schau bloß, wie viele Leute kommen! Ich kann’s kaum glauben.“

Ein Mann kam auf uns zu; er hielt zwei kleine Mädchen an der Hand. „Sie möchten mal auf dem Pony reiten“, sagte er und gab mir eine Fünfpfundnote.

Dann fiel Lisa der Hunde-Wettbewerb ein, und daß sie unseren Bob daran teilnehmen lassen wollte. „Ich muß jetzt los!“ rief sie. „Frag Harriet, wenn du Hilfe brauchst, Rosie!“ Sie verschwand in der Menge und rief: „Bob, Bob, komm sofort hierher, Bob!“, während ich mich nach meinem Vater umsah, weil ich kein Wechselgeld für die Fünfpfundnote hatte.

Nie wieder!

Die Stamps standen da und beobachteten mich.

„Sie können später zahlen“, sagte ich nach einem Augenblick, hob das kleinere der beiden Mädchen hoch und setzte es auf Limpets Rücken. Dann setzte ich ihr eine Reitkappe auf, die viel zu groß für sie war, und stellte ihre Füße in Steigbügel, die zu lang für ihre kurzen, stämmigen Beine waren. Sie trug weiße Söckchen und weiße Sandalen an den kleinen Füßen.

Ich gab dem Mädchen die Zügel in die Hand. Sie sah zu ihrem Vater auf und strahlte. Sharon beobachtete mich, ehe sie Ben zulächelte, der das Geld für das Hindernisspringen einsammelte. So wird's den ganzen Nachmittag lang sein, dachte ich, und führte Limpet über die Wiese. Sharon wird uns gar nicht helfen. Sie wird Ben dauernd nur schöne Augen machen.

Rosie half Kindern in den Ponywagen. Sie sah erhitzt und aufgeregt aus und hatte Jigsaw am Zaun angebunden. Es war nicht zu übersehen, daß sie Hilfe brauchte. Ich hob das Mädchen, das Natalie hieß, von Limpets Rücken und stellte sie auf den Boden. Dann übergab ich Sharon Limpets Zügel und ging zu Rosie, um ihr zu helfen. Schon hatte sich eine ungeduldige Menschenmenge angesammelt, die auf Ponyritte wartete.

Kinder schubsten und drängten einander und lachten. Sie versuchten, Limpet zu streicheln, der die Ohren zurücklegte und die Zähne zeigte. Schnell ging ich wieder zu Sharon zurück, um ihr zu helfen. Die nächste halbe Stunde verbrachte ich damit, zwischen Jigsaw und Limpet hin und her zu eilen. Ich kassierte Geld ein und gab zweimal falsch heraus. Die Reitkappen waren meistens zu groß, also hörten wir nach einiger Zeit auf, sie zu benutzen. Die Steigbügel waren bald ungleich lang, und ich merkte, wie ich immer nervöser wurde. Die Kinder warteten ungeduldig darauf, an die Reihe zu kommen, und bekleckerten sich mit Eis, und ihre Eltern zückten Kameras, um sie zu knipsen. Die Ponys wurden von Minute zu Minute unwilliger und schwitzten in der Hitze. Sie waren

Lärm und so viele Menschen nicht gewohnt.

Dann kam eine Ankündigung über den Lautsprecher: „Erster Preis im Hundespringen: Bob Pemberton mit einer Zeit von 33 Sekunden. Zweiter Preis: Patch Saunders mit einer Zeit von 35 Sekunden. Dritter Preis: Tatty Smith mit einer Zeit von 40 Sekunden." Und plötzlich wußte ich, daß unser Bob fast alle Klassen gewinnen würde, denn er ist die Art Hund, die Spaß an Wettkämpfen hat. Wie peinlich, dachte ich, ausgerechnet unser Hund ist der Beste!

Unsere Geldbüchse wurde immer voller. Eine hochgewachsene Dame sagte: „Ihr verlangt viel zu viel. Zehn Pence pro Ritt würden genügen, nicht fünfzig."

„Es ist alles für einen guten Zweck, und wir haben genügend Besucher", gab ich wütend zurück.

„Nächstes Jahr werden die Leute bestimmt nicht mehr herkommen, ich warne dich", erwiderte sie.

„Wir werden nächstes Jahr kein Fest mehr abhalten, weil Gillian Ross bis dahin gesund ist", gab ich zurück.

Ben besserte eines der Hindernisse mit Hammer und Nägeln aus. Die Sonne schien immer heißer vom Himmel, die Schlange für die Ponyritte wurde länger und länger. Rosie sah total geschafft aus. Ein Vater beschwerte sich. Ein Kind weinte. Nie wieder! dachte ich.

Bald wurde über den Lautsprecher verkündet, daß Bob Pemberton den Wettbewerb für den bestabgerichteten Hund gewonnen hatte, mit Sooty Ambrose als zweitem und Pippa Davis als drittem Gewinner. Anschließend war eine Pause im Hunde-Wettbewerb, und Ben kam zu uns. „Wie läuft's, Harriet?" fragte er.

Sharon antwortete an meiner Stelle. „Es ist chaotisch, Ben", sagte sie. „Alles müßte besser organisiert werden."

„Rosie braucht eine Pause. Sie weiß nicht mehr, wo ihr der Kopf steht. Schließlich ist sie erst zehn", sagte ich. Also übernahm Ben die Kutschfahrten, und Sharon kümmerte sich weiter um die Ponyritte. „Wir wären ein gutes Team, Ben", sagte sie und lächelte meinen Bruder an.

Ich lief zum Vorführplatz und fand Lisa mit rotem, triumphierendem Gesicht vor. „Bob gewinnt fast jedesmal. Ich kann's einfach nicht glauben. Er ist absolut phantastisch! Er hat beide Springklassen gewonnen. Beim Hochsprung hat er einen Meter zweiundzwanzig geschafft, einen Meter zweiundzwanzig, Harriet!" rief sie.

Bob sah mich an und wedelte mit dem Schwanz. Sein Halsband hing vom Gewicht der Rosetten nach unten. Seine Augen glänzten vor Zufriedenheit. Ich mußte lachen, schnell streichelte ich unseren Hund.

„Er ist bestimmt herumgelaufen und hat sich vor den Leuten verbeugt“, sagte Lisa lachend.

„In einer Minute mußt du das Ponyreiten übernehmen. Ich muß Ben helfen“, sagte ich.

Der Lautsprecher übertönte unsere Stimmen mit der Ankündigung, daß die Pfadfinderinnen jetzt Tee und Erfrischungen auf dem vorderen Rasen servieren würden. Auf dem Weg zurück zum Stallhof lief ich meinem Vater in die Arme, der Tombola-Lose verkaufte.

„Es läuft wie geschmiert“, sagte er. „Und der Pastor kriegt lauter Schecks überreicht. Ich mag ihn wirklich.“

Ben hatte die Kutschfahrten eingestellt und zog in einer der Pferdeboxen sein Clownskostüm an. Rosie kümmerte sich jetzt um das Ponyreiten. Sharon war verschwunden.

„Lisa kommt gleich und hilft dir“, sagte ich zu Rosie.

Die Kinder standen weiterhin Schlange. Limpet ging immer langsamer und schnitt irgendwie Grimassen. Bald blieb er dauernd stehen, und es war unübersehbar, daß er sagen wollte: Jetzt hab ich genug getan. Ich will endlich meine Ruhe und mein Futter! Ich fand, daß er recht hatte. Aufmunternd klopfte ich seinen Hals.

„Nur noch zehn Minuten!“ rief ich den wartenden Kindern zu. „Wenn ihr alle drangewesen seid, gibt’s kein Ponyreiten mehr. Es kommt auch keiner ein zweitesmal dran."

Ein kleines Mädchen begann zu schreien: „Das ist ungerecht! Ich bin bloß einmal geritten und Fergy schon zweimal!"

Über den Lautsprecher wurde verkündet, daß Bob Pemberton den Pokal für den Hund mit den meisten Punkten gewonnen hatte. Jemand begann „Buh!" zu schreien.

Dann tauchte Richard auf. „Der Parkplatz ist voll, Harriet. Kann ich euch sonst irgendwie helfen?"

Und plötzlich wäre ich ihm am liebsten um den Hals gefallen und hätte geschluchzt: Danke, vielen, vielen Dank! Statt dessen sagte ich: „Könntest du vielleicht das Geld fürs Ponyreiten kassieren und die Kinder auf Limpet setzen? Rosie ist nämlich erst zehn und schon völlig fertig."

„Kein Problem", erwiderte Richard.

Er hatte seine Jacke ausgezogen, und seine Haare waren wirr. Er sah ganz anders aus als sonst, nicht halb so ordentlich und viel netter.

„Toll!" sagte ich.

Der Hunde-Wettbewerb war vorbei. Ich lief hinüber, um Lisa zu suchen. Schließlich fand ich sie auf dem vorderen Rasen, wo sie Limonade trank, die von den Pfadfinderinnen serviert wurde, Bob lag dicht neben ihr. Beide waren tief befriedigt.

Ben führte Solitär aus dem Stall. Aus dem Lautsprecher dröhnte ein Militärmarsch. Ben setzte seine Pappnase auf. Sie wurde von einem Gummiband gehalten, war rosarot und veränderte sein Gesicht vollständig. Er hatte sich rote Sommersprossen auf die Wangen und die Hände gemalt, und plötzlich war mir ganz flau im Magen. „Alles in Ordnung mit dir?“ fragte ich.

„Natürlich, was denkst du denn?“

Ich sah Prinz an. Er stubste mich mit der Nase. Während ich seinen Hals streichelte, dachte ich: Wenn er jetzt plötzlich Angst vor den vielen Menschen bekommt, oder vor dem Lautsprecher oder vor der veränderten Umgebung? Dann kündigte James an, daß um halb fünf Uhr die Tombolagewinne gezogen würden. Ebenso sollten dann die Ergebnisse der Krocket-Spiele und die Gewinner der Wettbewerbe bekanntgegeben werden.

„Es ist vier Uhr. Ich bin soweit. Was ist mit dir, Harriet?“ rief Ben. „Nun komm endlich! Du mußt mir helfen, hast du das vergessen?“

Ich warf einen letzten Blick auf Prinz, der jetzt erregt das Stroh in seiner Box aufscharrte. Offenkundig ärgerte es ihn, daß Solitär weggeführt wurde und er allein zurückbleiben mußte.

Ich sagte leise zu ihm: „Es ist schon gut, sei ganz ruhig!“, während James durch den Lautsprecher verkündete: „Und jetzt sehen Sie eine Vorführung des berühmten Clowns Ben Pemberton.“

Schon lief ich vor Solitär den Weg entlang. Ben ritt in guter Haltung, und sein Gesicht war fremd und angespannt unter der Clownsmütze. Lisa lockerte die grünen Zweige im Graben auf. Sie hatte eine Mütze aufgesetzt, die ihre Augen fast verdeckte, und die Leute dachten offenbar, sie gehöre zur Vorführung, denn sie fingen schon zu lachen an. Sie drängten sich um die Seile, mit denen der Ring abgesperrt war, große und kleine Kinder mit ihren Eltern. Virginia saß neben James im Landrover. Auch Ma verkaufte Tombola-Lose, und Peter ging von einem Verkaufsstand zum anderen, seine Tante im Schlepptau. In diesem Augenblick schien alles in bester Ordnung zu sein. Keine Wolke war am Himmel.

Ben sagte leise: „Vorwärts, Solitär!“ Er ritt auf den Vorführplatz und saß ganz locker und sicher auf Solitärs Rücken. Während ich losrannte, um die Tennisbälle zu holen, klopfte mein Herz heftig. Ma stand jetzt auf den Zehenspitzen und versuchte über die Köpfe der Zuschauer zu spähen.

„Was macht er, Harriet? Ich hab nicht gewußt, daß er etwas mit Bällen vorführen wird. Er trägt doch seinen Reithelm, oder?“ rief sie mir zu. Ihr Gesicht war besorgt, ihre Hände fest ineinander verschränkt. Ich konnte nicht genau erkennen, ob er unter der Clownsmütze den Reithelm trug.

Ben sprang zu Boden und verbeugte sich vor der Menge. Alle klatschten, ehe er wieder von hinten auf Solitärs Rücken schnellte und um den Ring galoppierte. Als nächstes sprang er mit Solitär über den Graben und wieder zurück. Dann verbeugte er sich vor der Menge, ehe er die Hände nach den Tennisbällen ausstreckte.

Ich gab sie ihm und murmelte: „Sei vorsichtig, denk an Solitärs Kopf! Paß bloß auf!“

Ben galoppierte über den Vorführplatz und jonglierte mit den Bällen. Die Mütze rutschte ihm über die Augen, so daß er mir die Bälle zurückgeben mußte. Dabei zischte er mir zu: „Verdammte Mütze! Sie ist viel zu groß!“

Wieder sprang Ben mit Solitär, wieder jonglierte er mit den Bällen. Es sah sehr eindrucksvoll aus, und die Zuschauer klatschten Beifall. Dann war Bens Vorführung fast vorbei. Er verbeugte sich und grüßte. Ma beruhigte sich wieder. Ben begann aus dem Ring zu reiten.

Manche Augenblicke im Leben scheinen endlos zu sein. Dieser war es. Während Solitär den Ring verließ, begann ein kleiner Junge ganz in seiner Nähe schrill auf einer Pfeife zu blasen. Solitär machte einen Satz. „Langsam, Junge, ruhig!" Bens Stimme klang erschrocken.

Ich wollte schreien: Durchparieren, Ben! – doch die Worte blieben mir im Hals stecken. Solitär machte ein paar entsetzte, unkontrollierte Sprünge, und ich wußte jetzt mit furchtbarer Gewißheit, daß er zum Stallhof wollte. Ma kam herbeigerannt, das Gesicht vor Angst verzerrt.

„Durchparieren, Ben! Nicht loslassen!" schrie sie. „Du kannst ihn halten!" Ich unterdrückte einen Schrei, denn jetzt galoppierte Solitär. Er machte einen wilden Bocksprung, als er den Hof erreichte. Ben flog empor, dann lag er plötzlich auf dem Pflaster, reglos, oh, so reglos, während Ma schrie: „Er trägt keinen Helm! Ich hab ihm doch gesagt, er soll seinen Reithelm tragen! Kümmerst du dich denn um nichts, Harriet? Warum hast du nichts gesagt?" So, als wäre ich für alles verantwortlich.

Dann kniete sie neben Ben, während ich Solitär einfing und mit zitternden Händen in seine Box brachte. Aus dem Lautsprecher kam James' Stimme: „Und jetzt folgt eine Vorführung unserer bekannten Reiterin Harriet Pemberton auf dem einzigartigen Pferd Prinz!"

„Hol die Sanitäter! Du reitest nicht, Harriet!“ rief Ma.

Ich rannte zum Rote-Kreuz-Zelt. Zwei Krankenschwestern und ein Mann tranken gerade Tee.

„Bitte kommen Sie zum Stallhof, mein Bruder hat einen Reitunfall gehabt!“ sagte ich mit zitternder Stimme.

Sie sprangen auf und fuhren mit dem Sanitätswagen durch die Menge. Dann liefen plötzlich alle möglichen Leute zum Stallhof – eine große Frau, die ich nicht kannte, die Stamps und ein Mann, der erklärte: „Ich bin Arzt. Ich kümmere mich um den Verletzten!“

Als ich den Stallhof wieder erreichte, saß Ben auf dem Pflaster und sagte: „Was ist passiert? Wo bin ich? Wo ist Solitär?“ Er war völlig durcheinander, und sein Gesicht war wachsbleich. Ma weinte. „Ich hab ihm doch gesagt, er solle seinen Reithelm tragen!“ schluchzte sie.

„Ich dachte, er hätte ihn auf, ich konnte es unter der idiotischen Mütze nicht erkennen“, sagte ich zitternd.

Wieder ertönte James' Stimme aus dem Lautsprecher: „Und nun folgt Harriet Pemberton's Vorführung auf Prinz. Wo bist du, Harriet? Wir warten auf dich!“

„Du gehst nicht, Harriet!“ rief Ma.

„Aber sie warten auf mich“, erwiderte ich. „Ich kann sie doch nicht enttäuschen, Ma. Sie haben dafür be-

7 9911-10

zahlt, daß ich auftrete. Ich werde vorsichtig sein, ich versprech's dir."

Prinz war schon gesattelt. Lisa hatte es für mich gemacht.

„Ich verspreche dir, vorsichtig zu sein!" wiederholte ich, zu meiner Mutter gewandt.

Nicht alle wußten, daß Ben gestürzt war. Manche Leute unterhielten sich noch über seine Vorführung, während ich zum Ring ritt. Prinz war sehr erregt; es war, als säße eine Feder in seinem Rücken. Er trug den Kopf hoch und hatte die Ohren gespitzt. Immer wieder wurden wir fotografiert. Eigentlich war ich überhaupt nicht in Stimmung, aufzutreten. Ich machte mir Sorgen um Ben.

„Möchtest du, daß ich ihn führe?" fragte ein großer Mann in Jeans.

Ich schüttelte den Kopf. „Er wird sich gleich beruhigen. Ich kenne mein Pferd!"

Die Stamps beobachteten uns, Linda Stamp rauchte. Ich fragte mich, was sie denken mochten. Warum lächelten sie nie?

„Danke fürs Aufsatteln", sagte ich leise zu Lisa. Dann beruhigte ich Prinz, versicherte ihm, daß alles in Ordnung sei, versuchte auch mein heftiges Herzklopfen zu beruhigen, das er bestimmt ebenso spürte wie ich seines.

Ich hörte, wie Richard rief: „Viel Glück, Harriet! Laß dir Zeit!“

Ich ritt in den Ring, und plötzlich fand eine Veränderung statt, denn Prinz und ich wurden ganz ruhig. Er beherrschte unser Programm besser als ich. Ich hatte sogar Zeit, zu bemerken, daß Paps uns zusah, daß Peter mit seiner Tante sprach und daß Pastor Leonard lachte. Prinz und ich zeigten eine gute Vorführung, glaube ich. Er war locker und trotzdem sehr schnell; sensibel und aufmerksam reagierte er auf meine Hilfen. Zum Schluß wendete er auf der Hinterhand und blieb dann in der Mitte des Ringes stehen, während ich mich leicht verbeugte und grüßte.

Jetzt war es vorbei, mein Pferd und ich hatten es geschafft. Alles war gutgegangen. Prinz schnaubte, ich war unendlich erleichtert. Unter dem Beifall der Menge ritt ich aus dem Ring.

Der Stallhof war verlassen. Das Sanitätsauto war nicht mehr da, die Sonne ging langsam unter, das Fest war fast vorüber. Ich stieg vom Pferd, und Lisa tauchte auf und sagte: „Ben hat eine Gehirnerschütterung. Ich werde mit Lorraine am Springen teilnehmen. Rosie springt mit Jigsaw. Ich hab Limpet auf die Weide gebracht. Gib mir deine Reitkappe für Rosie.“

Ich reichte sie ihr, führte Prinz auf die Koppel und

ging ins Haus. Plötzlich fühlten sich meine Beine ganz schwach an.

Richard folgte mir. „War das Fest erfolgreich? Habt ihr genug verdient?“ fragte er.

„Ich hab keine Ahnung“, erwiderte ich schwach.

„Du warst phantastisch. Deine Vorführung war wirklich Klasse!“ sagte er bewundernd.

„Es war Prinz. Er ist ein Wunderpferd“, antwortete ich. „Er hat alles allein gemacht.“

Die Stamps kochten Tee. Sie reichten jedem von uns eine Tasse. „Dann ist Ben nicht im Krankenhaus? Und du hast deine Sache offenbar auch gut gemacht“, sagte Tony Stamp zu mir.

„Ich glaube nicht, daß wir genug Geld verdient haben“, sagte ich. „Und es wäre besser, wenn sie Ben zur Untersuchung ins Krankenhaus bringen würden.“

„Ben ist morgen wieder ganz in Ordnung“, versicherte Linda Stamp. „Er braucht nicht ins Krankenhaus, Kind.“

Anschließend folgte mir Richard zu den Verkaufsständen.

Eine Menge Krimskrams war noch da, aber fast alle Second-hand-Kleidung war verkauft. Der Kofferraum-Verkauf war beendet. James verkündete die Losnummer, die den ersten Preis gewonnen hatte:

„Nummer 105." Schließlich erschien Oberst Hunter. Er war der Gewinner des ersten Preises und nahm unter begeistertem Beifallsklatschen seinen Fernseher entgegen.

Paps sagte: „Ich bringe ihn auf Ihr Zimmer, Oberst. Meinen Glückwunsch!"

Rosie gewann eine Schachtel Pralinen, Mrs. Eastman eine Flasche Whisky. Alle anderen Preise gingen an Leute, die ich nicht kannte.

„Vielen Dank, Richard, du warst großartig. Ich weiß nicht, was wir ohne deine Hilfe gemacht hätten", sagte ich.

Richard sah mich an. „Dann bis bald. Überarbeite dich nicht", erwiderte er. Seine Stimme klang irgendwie enttäuscht.

Ich stürmte die Treppe hinauf und fand Ben in seinem Zimmer. Die Vorhänge waren zugezogen. Er saß im Bett. „Was ist passiert? Ich kann mich nur noch daran erinnern, daß ich über den Graben gesprungen bin. Hab ich meine Vorführung beendet?" fragte er. Tränen standen in seinen Augen.

„Ja, es war ein großartiger Erfolg. Aber du hättest deinen Helm tragen müssen", sagte ich. „Du hättest schwer verletzt sein können, Ben. Warum warst du bloß so leichtsinnig? Wir tragen doch immer Reitkappe oder Helm! Wahrscheinlich mußt du jetzt vierundzwanzig Stunden lang ruhig liegen." Ich ging zur Tür.

„Bist du auch vom Pferd gestürzt? Wie ist's bei dir gegangen?" fragte er und faßte mich am Arm. „Ist jetzt alles vorbei? Sind alle fort?" Er wollte nicht, daß ich schon ging. Er wollte, daß ich blieb und mit ihm redete, anstatt ihn allein zu lassen.

„Ja, sie sind fort. Und du bist selbst schuld, daß du den Rest verpaßt hast. Reite nie wieder ohne Helm", sagte ich mitleidlos. „Und ich kann das Aufräumen nicht Ma und Paps und Lisa und James überlassen; wir sind alle total fertig. Es wäre nicht fair."

„Ma hat geweint", sagte Ben und ließ meinen Arm los. „Sie kniete auf dem Pflaster. Ich erinnere mich jetzt ganz deutlich daran, daß sie auf dem Pflaster neben mir saß und weinte. Ich hab euch alle enttäuscht. Und jetzt muß ich euch wenigstens beim Aufräumen helfen", sagte er und schob die Bettdecke zurück.

„Bleib bloß liegen! Du darfst jetzt nicht aufstehen, du hast eine Gehirnerschütterung, Ben! Und du weißt auch, was das bedeutet, oder?" fragte ich. „Jemand wird dir etwas zum Abendessen heraufbringen, aber ich weiß nicht, wann. Tut mir leid." Schuldbewußt verließ ich das Zimmer.

Die Sonne versank hinter dem Stall. Ich hatte

schrecklichen Hunger. Der Tag war endlos gewesen. Bob wartete auf mich und wedelte vorsichtig mit dem Schwanz. Er wußte, daß Ben verletzt war; Bob wußte immer, wenn etwas nicht stimmte. Ich kniete neben ihm nieder und sagte: „Du kannst nichts dafür! Du warst großartig. Du bist der beste Hund der Welt!" Ich umarmte ihn.

Dann hörte ich Lisa rufen: „Harriet, wo bist du? Wir zählen das Geld!"

Und Ma sagte: „Ich hab einen anderen Arzt angerufen. Das scheint mir besser zu sein. Ich will keinen Fehler machen. Ich möchte ganz sicher sein, daß es wirklich nur eine leichte Gehirnerschütterung ist."

Ehe ich in die Küche ging, rannte ich noch rasch ins Freie. Der Garten roch nach Rosen. Langsam bewölkte sich der Himmel wieder. Mrs. Eastman und Gloria steckten den Krimskrams, den keiner gewollt hatte, in schwarze Plastiksäcke. Oberst Hunter saß auf der Hausbank und sah irgendwie sehr alt aus.

„Ein junger Mann namens Richard Catson hat das Krocketturnier gewonnen. Kennst du ihn, Harriet?" fragte er.

Ich nickte langsam. „Er hat uns sehr geholfen. Er hat es verdient, zu gewinnen. Was für einen Preis hat er denn bekommen?"

„Fünfundzwanzig Pfund. Ein Mann namens Meacher war zweiter. Mein Geschmack ist der nicht, viel zu angeberisch", fuhr der Oberst fort.

„Das finde ich auch. Soll ich Sie ins Haus führen?" Ich fand seinen Stock. Langsam gingen wir zusammen ins Haus. Der Fernseher, den der Oberst bei der Tombola gewonnen hatte, stand in seinem Zimmer. Ich schaltete das Sportprogramm für ihn ein und ließ ihn vor dem Bildschirm zurück.

Inzwischen waren alle bis auf einige standhafte Helfer gegangen. James saß mit Virginia in seinem Zimmer, sie hörten Musik. Miss Steele und Mrs. Tomson hatten sich hingelegt. Die Stamps saßen im Wohnzimmer vor dem Fernseher. In der Küche waren die Pfadfinderinnen mit dem Abwasch beschäftigt. Ich bot ihnen meine Hilfe an, doch sie lehnten ab. Sie kicherten und summten und neckten einander.

Im Flur fand ich einen Mann vor, der eine schwarze Tasche trug. „Ist das hier der Pferdehof Zum Schwarzen Pony"? fragte er unsicher. „Ich bin Doktor Bandhi."

Er war nicht unser Hausarzt. Er kam aus einem fernen Land, und sein Englisch war nicht besonders gut. Ich führte ihn die Treppe hinauf. Ben saß schon wieder aufrecht im Bett.

„Mir fehlt nichts. Ich brauche keinen Arzt. Ihr

macht alle viel zu viel Theater um mich", sagte er aufsässig.

Im nächsten Moment tauchte Ma auf und sagte: „Der Junge hat eine Gehirnerschütterung. Jetzt geht es ihm schon wieder besser. Muß er ins Krankenhaus, Herr Doktor?" Dr. Bandhi begann Ben zu untersuchen. Endlich beruhigte er Ma. Ben konnte zu Hause bleiben, aber er mußte im Bett bleiben und sich ruhig verhalten.

Graue Stute zu verkaufen

Pastor Leonard saß in der Küche. Er hatte fast tausend Pfund an Spenden erhalten. Die Schecks waren auf den *Gillian-Ross-Fonds* ausgestellt, obwohl wir noch kein Konto auf diesen Namen eröffnet hatten.

Am Krimskrams-Stand waren 99 Pfund und 3 Pence eingenommen worden, am Second-hand-Stand 56 Pfund und 9 Pence. Die Wettbewerbe hatten 30 Pfund eingebracht, die Vorführungen 60 Pfund, die Tombola 200 Pfund und 10 Pence; die Ponyritte und Kutschfahrten 46 Pfund, der Kofferraum-Verkauf 20 Pfund und das Krocketturnier 15 Pfund nach Abzug des Geldes für die Preise. Mit den Handarbeiten waren genau 100 Pfund eingenommen worden.

Pastor Leonard schrieb alles fein säuberlich in ein rotes Buch. Sein Priesterkragen war leicht verrutscht. Lisa schluchzte vor Enttäuschung. Bob leckte tröstend ihre Hand. „Es sind nicht Tausende von Pfund", schluchzte meine Schwester. „Es sind nicht mal zweitausend." Und sie sah mich an, die Augen voller Tränen.

„Es ist ein großartiges Ergebnis", sagte der Pastor. „Wirklich. Sie können stolz auf Ihre Kinder sein, Mr. Pemberton."

„Es ist wenigstens ein Anfang. Aber ich wollte, wir hätten mehr verdient", sagte Paps. „Ich werde jetzt zu Ben gehen. Wie geht es ihm?" Er blickte Ma an.

„Ganz gut, Gott sei Dank. Aber er muß natürlich ruhig liegen", erwiderte sie. „Du mußt dir klarmachen, daß wir mit diesem Fest sehr viel Geld verdient haben, Lisa. Nicht einmal beim Kirchenfest ist so viel eingenommen worden."

„Aber es reicht nicht!" rief Lisa verzweifelt. „Verstehst du das nicht? Wir brauchen Tausende!"

„Immerhin reicht es, um dem Mädchen das Flugticket nach Amerika zu kaufen", erwiderte Ma. „Dort gibt es bestimmt Hilfsorganisationen, die etwas für sie tun können."

„Ach was, keiner hilft ihr!“ schluchzte Lisa.

Leonard legte das Geld in eine Büchse und stand auf. „Ich habe alles notiert. Die nächste Sammlung in der Kirche wird für Gillian Ross sein. Dazu habe ich mich jetzt entschlossen“, sagte er.

„Aber es wird zu spät sein. Wir haben keine Zeit mehr!“ sagte Lisa.

Paps begleitete den Pastor hinaus, während Ma nachdenklich zu uns sagte: „Wir könnten noch etwas dazuverdienen. Wir können noch irgend etwas anderes veranstalten.“

„Aber wir haben keine Zeit mehr!“ wiederholte Lisa. „Ich sag es euch doch dauernd, warum hört ihr nicht zu? Ich hab mir etwas überlegt. Ich werde Lorraine verkaufen. Sie wird bestimmt zweitausend Pfund einbringen. Und wir können Jigsaw und die Kutsche verkaufen, weil wir sowieso nie Zeit für Spazierfahrten haben, und die antike Truhe in der Halle. Und was ist mit der Kommode in deinem Zimmer, Ma? Schließlich sind die Möbel doch nicht wichtig.“

„Aber keines von den Möbelstücken ist Tausende wert, Lisa. Und wenn wir die Sachen verkaufen, brauchen wir neue dafür, und die sind auch nicht gerade billig“, sagte Ma ernst. „Hast du dir das mit Lorraine gut überlegt?“

„Du kannst Lorraine nicht verkaufen. Sie hat zuerst

mir gehört!“ schrie ich. „Und sie ist zu alt, um verkauft zu werden. Jigsaw ebenfalls. Du wirst die beiden nicht verkaufen, Lisa, weil du kein Recht dazu hast. Von unseren Tieren trennen wir uns nicht, verstanden!“

„Jigsaw hat zuerst mir gehört, und dann hast du mir Lorraine geschenkt. Ich rufe bei einer Pferdezeitschrift an. Bestimmt haben sie eine Anzeigenseite mit einem Pferdemarkt!“ erklärte Lisa. „Es geht schließlich um Gillian. Sie ist meine beste Freundin. Für Lorraine können wir ein gutes neues Zuhause finden, sie kann weiterleben, verstehst du das nicht? Sie wird nicht sterben, wenn wir sie verkaufen. Aber wenn wir nichts tun, wird Gillian sterben. So einfach ist das, Harriet.“

Ich wünschte, Ben wäre dabeigewesen, Ben, der auf alles eine Antwort weiß. Die Sonne war jetzt untergegangen. Der Tag war vorüber. Mrs. Tomson und Miss Steele kamen in die Küche und brachten mehr schmutzige Teetassen herein.

„Was für ein Tag! Du warst großartig, Harriet, und Ben ebenfalls, bis er den Unfall hatte“, sagte Miss Steele und lächelte breit. „Und wir haben all unsere Handarbeiten verkauft, nichts ist übriggeblieben. Nicht mal ein Nadelkissen. Sicher seid ihr alle sehr froh!“

„Sie haben beide sehr geholfen“, sagte Ma dankbar.

„Aber wir haben nicht genug Geld verdient. Wir müssen sehr viel mehr verkaufen, um genug aufzubringen. Etwas Wertvolles, Schmuck und so was. Ich werde mein Pferd verkaufen", sagte Lisa großartig. „Es ist mindestens zweitausend Pfund wert."

„Wie großzügig von dir", erwiderte Miss Steele überrascht. „Wirst du es nicht vermissen? Man trennt sich doch nicht einfach so von seinem Pferd!" Sie sah Lisa vorwurfsvoll an.

Ich stellte mir vor, wie es sein würde, wenn Lorraine verkauft wurde, stellte mir ihre leere Box vor. Drei wunderbare Jahre lang hatte sie mir gehört.

„Sie gehört dir gar nicht. Wir haben nichts schriftlich festgelegt, Lisa", sagte ich. „Du hast sie nicht gekauft, du hast sie nur übernommen. Sie gehört immer noch mir. Ich habe sie dir nur geliehen."

„Das ist eine Lüge, eine dicke Lüge!" rief meine Schwester. „Sie gehört mir. Du hast es gesagt. Du hast sie mir geschenkt!"

Zum Glück steckte James in diesem Augenblick den Kopf durch die Tür. „Virginia ist weggegangen. Kannst du mir helfen, die Tische und Stühle ins Rathaus zurückzubringen, Harriet?" fragte er.

Ich war froh, aus der Küche zu entkommen. „Lisa ist verrückt geworden. Manchmal denke ich, unsere ganze Familie ist verrückt", sagte James und startete den Landrover, der alt und verbeult ist. „Ich meine, Paps verkauft weiter sein Isolierglas, obwohl er damit kaum etwas verdient, und Ma verlangt nicht genug von den Pensionsgästen, um damit einigermaßen Gewinn zu machen. Sie müßten das ganze Haus renovieren lassen und das Doppelte verlangen. Die beiden haben keine Spur Geschäftssinn. Und jetzt ist es zu spät, das sieht ein Blinder."

„Hast du denn Geschäftssinn?" fragte ich.

„Jedenfalls mehr als die beiden", behauptete er.

„Ich glaube nicht, daß Geld ihnen besonders viel bedeutet. Sie finden es wichtiger, daß sie glücklich sind", erwiderte ich. „Ma kümmert sich nicht um Spinnweben oder abgebrochene Fußbodenleisten; sie will auch keine Unmengen Geld verdienen. Geld ist ihr nicht wichtig."

„Aber man braucht es leider", erwiderte James bitter.

Wir fuhren dreimal hin und zurück, bis wir alle Tische und Stühle zurückgebracht hatten.

„Du mußt mit Lisa reden", sagte James, während wir in der sinkenden Dunkelheit nach Hause fuhren. „Sie gibt einfach keine Ruhe, und wir können schließlich nicht mehr tun, als wir schon getan haben. Auf dich hört sie, Harriet. Sie wird richtig lästig. Es ist schlimm genug, die Stamps im Haus zu haben, aber wenn Lisa jetzt auch noch dauernd wegen Gillian schimpft und jammert, halte ich das nicht aus. Wir haben schließlich unser Bestes getan. Wir sind nicht schuld daran, daß Gillian krank ist, und wir sind nicht verantwortlich für sie. Ihre Mutter ist es."

„Ich kann Lisa nicht beeinflussen. Sie will Lorraine verkaufen. Sie möchte, daß wir alles verkaufen, was wertvoll ist", erwiderte ich. „Sie hat sich in die Idee verbissen, ihrer Freundin zu helfen."

„Ich glaube, ich verstehe, worum es ihr geht", sagte James langsam. „Aber vielleicht würde die Zeit gar nicht reichen. Wenn wir alles verkauft haben, ist Gillian vielleicht schon tot. Ich glaube, Lisa macht sich nicht klar, daß dieses Mädchen todkrank ist!"

Ich war jetzt so müde, daß ich kaum noch die Augen offenhalten konnte. Wir parkten den Landrover auf dem Hofplatz. Überall lagen Papierfetzen herum. Es sah überhaupt nicht mehr wie unser gepflegter Hof aus, eher wie eine Müllhalde.

„Wir werden morgen aufräumen", sagte James und stellte den Motor ab. „Meine Güte, war das ein Tag! Ich bin froh, wenn ich hier wegkomme. Ich mag es nicht, die Leute zu bedienen. Ich hab's satt, der liebe Junge unserer Gäste zu sein. Ich möchte frei sein."

Zusammen gingen wir ins Haus. Lisa telefonierte gerade. „Hier spricht Lisa Pemberton. Ich möchte eine

Anzeige mit folgendem Text aufgeben: ‚Wir verkaufen unsere graue Stute Lorraine, 12 Jahre alt, ausgezeichnetes Springpferd, ideal für Ponyclubturniere, nur an sehr guten Platz. Preis: 2000 Pfund.'"

Plötzlich wollte ich schreien. Das war doch sinnlos. Alles schien auseinanderzubrechen. Lisa verkaufte Lorraine, und James wollte frei sein. Ich setzte mich auf einen Stuhl in der Halle und brach in Tränen aus.

James machte mir eine Tasse Tee. Ma schlang die Arme um mich. „Du bist erschöpft, Liebes, das ist alles. Es war ein langer Tag. Morgen geht's dir wieder besser", sagte sie.

„Nein, bestimmt nicht. Es wird noch schlimmer sein! Lisa verkauft Lorraine. Verstehst du denn nicht, daß alle durchdrehen, Ma?" rief ich. „Warum erlaubst du ihr das? Und wenn Gillian stirbt, kann Lisa es nicht verhindern", fuhr ich fort. „Wenn sie Lorraine verkauft, werde ich ihr das nie verzeihen, mein ganzes Leben lang nicht. Und was ist mit unserem Pferdehof? Verkauft ihr ihn auch?"

„Morgen werden wir über alles reden", sagte unsere Mutter.

Ich ging hinaus, um noch einmal nach den Pferden zu sehen. Es war wunderbar still, und der Himmel war voller Sterne. Es war ein erfolgreiches Fest gewesen, wenn auch nicht erfolgreich genug.

Ich ging langsam zum Haus zurück, und Papa schloß die Tür ab. „Du warst wirklich großartig, Harriet, und die anderen auch. Ich bin richtig stolz auf euch“, sagte er und legte den Arm um meine Schultern.

„Aber wir haben nicht genug eingenommen, und das macht mich traurig“, erwiderte ich.

Dann lag ich endlich im Bett. In Gedanken ließ ich die Ereignisse des Tages noch einmal an mir vorüberziehen. Immer wieder sah ich Richard vor mir, mit zerzaustem Haar und hilfsbereit. Er war so nett gewesen. Ich wollte ihn einladen, uns einmal zu besuchen. Lisa hatte recht: Ich wurde immer älter; es wurde langsam Zeit, daß ich einen Freund hatte.

Mir fiel ein, daß ich Prinz für den Wettbewerb am nächsten Wochenende in Lord Lesters Park anmelden wollte. Gillian versuchte ich aus meinen Gedanken zu verbannen. Dann schlief ich endlich ein.

Am nächsten Morgen stand ich früh auf und fütterte und versorgte die Pferde. Nebelschwaden durchzogen den Stallhof. Bob folgte mir. Im Haus war noch alles still. Ich kochte Tee für meine Eltern und trug ihn nach oben. Miss Steele war in ihrem Badezimmer. Ben ging es schon besser. Er rief: „Und was ist mit mir? Wo ist mein Tee?“ Also ging ich wieder nach unten und goß

8 9911-10

Tee in seine Lieblingstasse, ging damit zu ihm hinauf und setzte mich an sein Bett.

„Heute müssen wir in die Kirche, es ist Sonntag“, sagte er. „Muß ich eine Krawatte tragen?“

Ich schüttelte nur stumm den Kopf. „Nach dem Mittagessen reite ich aus. Ich möchte Prinz für nächstes Wochenende bei Lord Lester anmelden“, erzählte ich Ben. Ich wollte das Fest und Gillian vergessen, auch alle Geldsorgen und die Angst vor der Zukunft.

„Du wirst ein Kleid anziehen müssen“, sagte Ben lächelnd.

„Wofür?“ fragte ich verdutzt.

„Wenn wir in die Kirche gehen natürlich.“

Der Gottesdienst war um zehn Uhr. Im Gänsemarsch gingen wir durch das Kirchenportal. Auch Miss Steele und Mrs. Tomson waren dabei, nur Ben nicht. Die Gemeinde war schon versammelt, und alle sahen uns an. Wir besetzten drei Bänke in der alten grauen Kirche. Pastor Leonard sprach ein Gebet für Gillian. Lisa schluckte, ich hörte Bob vor der Kirchentür winseln. Ich trug ein Kleid, das ich schon zwei Jahre lang hatte. Es war zu kurz und zu eng.

Später schüttelte uns der Pastor die Hand. Er hielt meine Hand lange fest und sagte ernst: „Du hast deine Sache gut gemacht, Harriet, sehr gut.“

Dann beeilten wir uns, zum Mittagessen nach Hause zu kommen.

„Was machen wir jetzt mit dem Geld? Bringen wir es zu Mrs. Ross?“ fragte Lisa und schneuzte sich.

„So einfach geht das nicht. Wir müssen erst ein Konto bei der Bank eröffnen und alles einzahlen“, sagte Papa.

„Kann ich ihr nicht wenigstens hundert Pfund bringen, nur um sie ein bißchen aufzumuntern?“ fragte Lisa.

„Noch nicht. Es muß alles seine Ordnung haben“, erwiderte unser Vater.

Nachmittags ritten Lisa und ich durch den Wald und über die Wiesen, die gerade erst gemäht worden waren. Lisa meinte, sie wolle ebenfalls beim Lord-Lester-Rennen mitmachen, ehe sie Lorraine verkaufte. „Und falls ich Geld gewinne, gebe ich es Mrs. Ross“, sagte sie. Sie hat sich richtig in diese Idee verrannt, dachte ich. Ich wollte antworten: Falls Gillian noch so lange lebt, aber ich schwieg. Die Leute winkten uns zu, als wir den Dorfplatz überquerten. Sogar Mr. Meacher rief: „Hallo, ihr beiden!“ Und dann noch etwas Albernes über hübsche Mädchen auf edlen Pferden. Wir schienen in kurzer Zeit viele Freunde gewonnen zu haben. Jetzt läuteten die Glocken zum Abendgottesdienst.

Vom Hof aus hörten wir Ben rufen: „Harriet, Lisa, wo seid ihr? Es gibt gute Nachrichten. Echt gute Nachrichten! Beeilt euch!"

Ich trieb Prinz an, während Lisa rief: „Was ist passiert? Geht's um Gillian?"

„Ja, macht schnell!" erwiderte Ben. „Es ist phantastisch, großartig!"

Und während ich mit Prinz galoppierte, dachte ich, daß Ben ja noch weitere vierundzwanzig Stunden lang ruhig liegen sollte, und ich rief: „Geh ins Bett zurück! Denk an deine Gehirnerschütterung!"

Zu spät!

Alle hatten sich im Hof versammelt und warteten auf uns.

„Das *Echo* hat angerufen", sagte Ben. „Die Zeitung!"

Lisa schwang sich vom Pferd. Ihr Gesicht war rot vor Aufregung.

„Sie werden einen Spendenaufruf für Gillian bringen", fügte James rasch hinzu.

„Sie kommen morgen und machen ein Interview mit uns", fuhr Ben fort, ohne auf James zu achten. „Sie wollen eine richtige große Geschichte machen, um die

Hilfsbereitschaft der Leute zu wecken!"

„Dieser Mr. Meacher hat sie dazu gebracht. Offenbar gehört ihm die Zeitung", sagte James.

Einen Augenblick lang drehte sich alles in meinem Kopf. Ich lehnte mich an Prinz. „Ich kann's einfach nicht glauben!" sagte ich.

Ganz benommen sattelten wir die Pferde ab und brachten sie auf die Weide. Ich stellte mir vor, wie Gillian ins Flugzeug stieg und wie sie schließlich geheilt aus Amerika zurückkam.

„Ich hab Mr. Meacher so ekelhaft gefunden. Jetzt komme ich mir richtig mies vor", sagte ich leise.

„Ach, der will doch nur ein Geschäft machen. Die Auflage seiner Zeitung wird steigen, also denk dir nichts. Es ist eine herzergreifende Geschichte, genau das, was die Leute gern lesen", erwiderte James.

Ich beobachtete, wie Prinz sich auf der Koppel wälzte. Das Fest war also doch nicht umsonst gewesen. Es war wie ein Schneeball, der zu rollen anfängt und immer größer und größer wird. Und wir hatten ihn ins Rollen gebracht.

Als wir ins Haus stürmten, stand unsere Mutter in der Küche und sang. „Ist es nicht großartig? Ich bin so froh!" rief sie.

„Ich möchte es Gillian und ihrer Mutter sagen, jetzt gleich", rief Lisa.

„Wir fahren mit dem Ponywagen zu ihr. Es tut Jigsaw gut, wenn er Bewegung bekommt", schlug Ben vor.

Wir spannten Jigsaw an. Man sah, daß er sich über die Abwechslung freute. Lisa sang jetzt ebenfalls. Ben pfiff. Bob folgte uns bis auf den Dorfplatz. James war verschwunden, um Virginia die gute Nachricht zu überbringen.

„Sie wird total begeistert sein!" hatte er gerufen, war auf sein Fahrrad gesprungen und dann wie ein Verrückter losgestrampelt.

„Ich kann's gar nicht erwarten, zu sehen, was Mrs. Ross für ein Gesicht machen wird!" meinte Lisa, während wir im Ponywagen dahinrollten. Die Gärten rochen nach frisch gemähtem Gras. Der Himmel war blau, und mir schien, als ob alles glänzte und strahlte.

Jigsaw ging munter und mit gespitzten Ohren. Seine Hufe klapperten fröhlich auf dem Pflaster, während die Leute ihre Hunde spazierenführten und sich über den Sonnenschein freuten.

Gillian und ihre Mutter lebten im letzten Haus einer Reihe von Siedlungshäusern, die der Stadt gehörten und in den fünfziger Jahren gebaut worden waren. Als wir das Haus erreichten, warf mir Lisa, die kutschiert hatte, die Zügel zu, sprang auf die Straße und rief: „Wer zuerst drin ist, darf es ihnen sagen!"

„Lisa wird von Tag zu Tag verrückter“, erklärte Ben.

„Die Sache mit Gillian ist ihr unheimlich nahegegangen“, antwortete ich ernst. Ich kannte meine kleine Schwester.

„Vielleicht wird sie eines Tages Sozialarbeiterin“, meinte Ben. „Allerdings hat sie ein Talent, anderen Leuten auf die Nerven zu gehen.“

Das Haus der Familie Ross war das schäbigste von allen. Die Wände hätten gestrichen werden müssen. Ein zerbrochenes Fenster war mit Pappkarton ausgebessert, und der winzige Vorgarten war voller Unkraut. Die Vordertür war zerkratzt und der Kamin schief. Dann sah ich, daß an allen Fenstern die Vorhänge vorgezogen waren. Lisa trommelte gegen die Tür, während Bob bellte. Eine Katze flüchtete auf einen Baum im Nachbargarten.

„Sie ist nicht da! Schaut, die Vorhänge sind zugezogen! Das kann bedeuten, daß Gillian gestorben ist!“ stieß Lisa erschrocken hervor. „Man zieht doch die Vorhänge zu, wenn im Haus ein Toter ist, nicht?“

„Das hat man früher so gemacht, aber jetzt nicht mehr. Du hast das irgendwo in einem Buch gelesen“, erwiderte Ben mit sachlicher Stimme, obwohl ich merkte, daß er ebenfalls beunruhigt war.

Ben und Lisa gingen ums Haus herum und klopften an die Küchentür. Bob bellte wieder. Wir klopften und klopften, bis Ben sagte: „Da ist niemand. Sie sind weggegangen."

„Was sollen wir jetzt machen?" fragte Lisa mit zitternder Stimme.

„Heimfahren", meinte Ben.

„Aber wir müssen sie finden!" rief Lisa. „Sie können doch nicht beide gestorben sein! Wir müssen wissen, was passiert ist!"

„Hier erfahren wir es jedenfalls nicht, sie sind nicht da", erwiderte Ben und stieg in den Ponywagen.

„Wir sind also zu spät gekommen. Ich spür's ganz deutlich", sagte Lisa. „Gillian ist gestorben!"

„Ach, hör doch auf!" rief ich. „Nichts ist sicher. So schnell dürfen wir nicht aufgeben. Vielleicht ist Mrs. Ross zum Einkaufen gegangen. Vielleicht hat sie vergessen, die Vorhänge zurückzuziehen. Womöglich ist sie wie James und merkt so etwas gar nicht."

„Aber es ist Sonntag!" rief Lisa. Gleichzeitig hörten wir eine Stimme fragen: „Sucht ihr Mrs. Ross?" Hinter uns stand eine große, magere Frau mit unordentlichen Haaren, die ihr bis auf die Schultern hingen.

„Wir haben gute Nachrichten für sie!" Lisa sah die Frau an.

„Ja, ihrer kleinen Tochter ist es letzte Nacht schlechter gegangen. Sie liegt auf der Intensivstation. Mrs.

Ross ist bei ihr im Krankenhaus. Mehr kann ich euch auch nicht sagen", erklärte die Frau.

„Um welche Zeit war das?" fragte ich, denn plötzlich kam mir das wichtig vor.

„Gestern gegen zehn Uhr. Mrs. Ross hat ein Taxi gerufen. Sie sah schrecklich aus, total aufgelöst. Ich füttere ihre Katze", erwiderte die Frau.

„Vielen Dank, daß Sie es uns gesagt haben!" erwiderte Ben ernst.

Wir ließen Jigsaw kehrtmachen und fuhren nach Hause. „Wir sind zu spät gekommen", sagte Lisa mit schrecklicher Gewißheit in der Stimme.

„Alles war umsonst. Was sollen wir jetzt mit dem Geld machen?" fragte Ben.

„Ihr seid beide verrückt. Warum zum Kuckuck sollte Gillian gestorben sein?" fragte ich. „Vielleicht erholt sie sich wieder. Schließlich passieren solche Wunder manchmal."

„Aber sie wird bestimmt nicht gesund genug, um nach Amerika zu fliegen. Für so einen langen Flug muß man einigermaßen bei Kräften sein", sagte Lisa altklug.

Wir ließen sie auf dem Hofplatz zurück, wo sie Lorraine umarmte und in ihre Mähne weinte. Ma rief im Krankenhaus an, aber man wollte ihr keine Auskunft geben. „Offenbar reden sie nur mit nahen

Verwandten", erklärte unsere Mutter. Dann rief sie Mr. Meacher an.

Wir hörten alle zu. Es klang, als berührte ihn Gillians Schicksal nicht weiter, als wäre es nicht wichtig, ob sie lebte oder starb. Ihn kümmerte offenbar nur die Story für seine Zeitung.

„Liegt sie denn im Sterben?" fragte Ma erschrocken.

„Nein. Sie ist auf der Intensivstation, das ist alles, was ich sagen kann", erwiderte Mr. Meacher.

Ich glaube, wir schliefen in dieser Nacht alle sehr wenig. Ben und ich trafen uns um zwei Uhr früh in der Küche und machten uns belegte Brote.

„Wenn morgen der Reporter kommt und uns fotografiert, werde ich scheußlich aussehen", sagte ich.

„Das ist doch egal. Nichts ist wichtig im Vergleich mit Gillians Zustand", Ben sah mich ernst an.

Endlich dämmerte der Tag herauf. Ich fragte mich, ob Gillians Zustand sich wieder bessern würde, während ich in mein Zimmer zurückging. Durch Mrs. Tomsons Türspalt drang Lichtschein; sie konnte wohl auch nicht schlafen. Ich konnte meine Eltern in ihrem Schlafzimmer miteinander reden hören. Wie sehnte ich den Morgen herbei, der uns vielleicht bessere Nachrichten bringen würde! Irgendwie mußte sich die Sache doch endlich klären. Dann tauchte Lisa auf, setzte sich auf meine Bettkante und sagte: „Ich kann nicht schlafen."

„Das merke ich", erwiderte ich.

„Du hast keinen Grund, ekelhaft zu mir zu sein", sagte sie. „Es ist schrecklich. Vielleicht kämpft Gillian jetzt mit dem Tod. Und was wird aus unserem Pferdehof?"

„Was auch passiert, wir müssen weitermachen", sagte ich bedrückt.

„Bis zum Ende", sagte Lisa. „Aber was für ein Ende? Uns geht es gut, wir haben so vieles, was wichtig ist. Und Gillian hat nie etwas gehabt. Ich meine, wir haben ein schönes Haus und die Pferde und Ma und Paps und genug zum Essen. Die arme Gillian hat immer die Schulspeisung umsonst bekommen, und alle haben es gewußt und sich über sie lustig gemacht. Ihre Kleider hat sie vom Wohlfahrtsamt gekriegt."

Draußen sangen die Vögel aus voller Kehle. Dann kam das Milchauto angefahren, und unter meinem Fenster erklang das Klappern von Milchflaschen. Bob bellte. Alles war wunderbar alltäglich.

„Ich möchte, daß alles so bleibt wie jetzt, daß ich mit Ma und Paps und dir und Ben und James hier im Haus weiterleben kann. Ich möchte nicht, daß sich etwas ändert!" sagte ich zu meiner Schwester.

„Du spinnst! Du kannst die Zeit nicht festhalten. Du

kannst nicht verhindern, daß du älter wirst. Willst du vielleicht ein Kind bleiben?"

„Ich werde kein Kind bleiben, weil ich schon einssechzig bin. Und noch etwas", fügte ich hinzu. „Ich will nicht, daß Lorraine von uns fort muß! Mama und Paps werden es nicht erlauben!" Meine Schwester sah mich an. Sie antwortete nicht.

„Noch ist nicht alles verloren"

Am nächsten Tag redeten Lisa und ich nicht miteinander. Sie stand um acht Uhr auf und verschwand, um Gillians Mutter zu suchen. Um zehn nach acht klingelte das Telefon. Mit klopfendem Herzen nahm ich ab.

„Ich rufe wegen Ihrer Anzeige an", sagte eine Stimme.

Ich zögerte, dann erwiderte ich: „Tut mir leid, die Stute ist schon verkauft!" Dann legte ich den Hörer auf.

„Wer war das?" rief Ma aus der Küche.

„Nichts. Jemand hat sich verwählt", log ich.

Zwei Minuten später klingelte es wieder. „Hier spricht Mrs. Carr", sagte eine Stimme. „Ich habe Ihre

Anzeige gelesen. Können wir heute vorbeikommen und uns die Stute ansehen?"

„Tut mir leid, sie ist verkauft", erwiderte ich und legte den Hörer wieder auf.

„Da hat sich schon wieder jemand verwählt", sagte ich laut.

„Vielleicht ist da irgendwo eine Störung", sagte Papa, der gerade Eier in der Pfanne briet. „Aber warum frühstückst du nicht, statt wie eine verlorene Seele neben dem Telefon zu stehen?"

„Ich *bin* eine verlorene Seele", antwortete ich. „Und ich kann nicht vom Telefon weg, weil Lisa diese Anzeige aufgegeben hat. Warum habt ihr es nicht verboten?" Empört sah ich meine Eltern an. „Aber ich werde nicht zulassen, daß Lorraine verkauft wird, weil ich sie genauso liebe wie Prinz. Ich lasse es nicht zu!" rief ich.

„Es ist doch noch gar nicht soweit. Reg dich nicht auf, Harriet!" sagte meine Mutter ernst.

Ich legte den Hörer neben den Apparat und ging ins Freie. Lorraine und Prinz warteten am Gatter darauf, daß ich sie auf die Weide ließ. Fliegen umschwirrten die Pferde. Ein leichter Windstoß raschelte in den Bäumen.

Ich rechnete nach, wie viele Jahre wir Lorraine schon hatten. Es waren fünf. Ich stellte mir vor, wie sie alt wurde und auf irgendeinem häßlichen, öden Stück Land angebunden war, vernachlässigt, ungeliebt; denn wenn man ein Pferd verkauft, weiß man selten genau, was aus ihm wird. Das weiß jeder Pferdefreund. Außerdem brauchten wir die zweitausend Pfund vielleicht gar nicht, die Lorraine einbringen würde, denn es bestand die Möglichkeit, daß die Leser des *Echo* genug spenden würden.

Dann kam eine Frau mit drei Kindern; sie winkte mir zu und rannte über den Hofplatz. Dabei rief sie: „Wir haben draußen geparkt. Ich hoffe, das ist in Ordnung. Ich kann mit dem Hänger am Wagen nicht gut wenden. Mein Mann kann es, aber ich nicht. Wir haben gelesen, daß ihr eure Stute Lorraine verkaufen wollt. Wir haben sie schon bei Turnieren des Ponyclubs gesehen. Ich bin sofort hergefahren, weil ich die erste sein wollte. Wir würden sie sehr gern kaufen. Sie ist doch noch hier? Oder ist sie schon verkauft?"

Während ich sie ansah, sank mein Herz bis in die Fußsohlen. Ich murmelte irgend etwas, um Zeit zu gewinnen. Doch jetzt lehnten sie sich schon über das Gatter und redeten mit Lorraine, die Taschen voller Leckerbissen. Die Dame war schlank, sie hatte langes Haar und trug Reitkleidung, und die Kinder mochten ungefähr neun, elf und zwölf Jahre alt sein; gerade richtig für Lorraine.

„Würde sie bei Ihnen allein im Stall stehen?“ fragte ich, immer noch darauf bedacht, Zeit zu gewinnen, um zu überlegen.

„Gütiger Himmel, nein! Wir würden nie ein Pferd allein halten. Übrigens, wir heißen Wallace. Wir haben uns schon bei Turnieren gesehen. Ich bin Trudy, und die Kinder heißen Lucy, Emma und Giles.“

Sicher hätte es Lorraine bei der Familie Wallace gut gehabt. „Können wir sie mal reiten?“ fragte die Frau, offensichtlich erstaunt über meinen Mangel an Begeisterung.

Wie eine Schlafwandlerin holte ich Lorraines Sattelzeug und sah zu, wie sie gezäumt wurde.

„Ich reite als erste“, erklärte Trudy Wallace. Sie schwang sich behende auf Lorraines Rücken und ritt über die Weide.

„Sie ist schön. Ich liebe graue Pferde“, stieß Lucy hervor.

„Wir wollten sie schon immer haben“, sagte Emma.

Giles spielte mit Bob und warf ihm einen Stock hin. Es war jetzt Viertel vor neun. Bald mußte Ben auftauchen; ich wünschte, er würde sich beeilen. Trudy stieg aus dem Sattel und hob Lucy auf Lorraines Rücken. Tränen stiegen mir in die Augen, ich rannte in die Sattelkammer und schloß die Tür hinter mir. Dort sagte ich zu mir selbst: Laß dir etwas einfallen, Harriet, los doch, jetzt, sofort! Gib nicht kampflos auf! Dann dachte ich an Gillian und wußte nicht, was ich tun sollte. Ich überlegte, daß das Leben einen immer wieder vor Entscheidungen stellt, und ganz gleich, was man macht, man bereut es hinterher doch. Falls ich die Familie Wallace jetzt wegschickte, verkaufte Lisa Lorraine vielleicht an jemand anderen, bei dem sie es zehnmal schlechter hatte. Und was würde passieren, wenn wir unseren Pferdehof doch bald verkaufen mußten?

Endlich kam Ben und öffnete die Tür der Sattelkammer. „Hier bist du also! Was ist los?" Er sah mich forschend an.

„Sie möchten Lorraine kaufen. Sie haben sie schon immer bewundert. Sie sind sehr nett, und ich weiß nicht, was ich tun soll!" stieß ich hervor.

„Wir müssen sie hinhalten", erklärte Ben. „Wir müssen sagen, wir hätten schon zehn weitere Käufer. Wir müssen Zeit gewinnen."

„Aber das mit den Käufern ist doch gelogen!"

„Manchmal muß man eben lügen", sagte Ben einfach.

„Ich fühl mich so gemein", sagte ich. „Sie sind nett. Ich mag nicht unehrlich zu ihnen sein."

„Lisa ist schuld an allem, nicht du", erwiderte Ben. „Übrigens, hast du den Telefonhörer ausgehängt?"

Schöne Bücher rund ums Pferd

F 2112

Bücher – wie Pferdefreunde sie lieben: Geschichten von Pferden und Ponys, von abenteuerlichen Ritten, spannenden Erlebnissen und von der Freundschaft zwischen Pferd und Mensch. Dazu Bücher mit vielen Tips, Infos und Wissenswertem von A–Z.

SCHNEIDER BUCH

Diesen Prospekt könnt ihr aus dem Buch herausnehmen, ohne daß das Buch beschädigt wird.

EINZELTITEL

Günter Huth
Ein Mädchen, ein Pferd und ein Dingo
In Australien findet Sandra ein neue Zuhause und neue Freunde.
Best.-Nr. 4345, 10,80/ÖS 85,–

Anne Knowles
Ich helf' dir in den Sattel
Zwischen Cathy und dem Pony Moirag beginnt eine ganz besondere Freundschaft.
Best.-Nr. 4287, 10,80/ÖS 85,–

Danica Langenstein
Ein Rennpferd in Gefahr
Bei einem Galopprennen wird der Hengst Feuervogel verletzt. Eine Re. dramatischer Ereignisse beginnt...
Best.-Nr. 4240, 10,80/ÖS 85,–

Manfred Böckl
Said und der Hengst aus der Wüste
Der junge Beduine Said träumt davon, mit seinem Berberhengst Samun durch die Wüste zu reiten, frei und ungebunden.
Best.-Nr. 4286, 9,80/ÖS 79,–

Katrin Dillenburger
Wir reiten, Midi!
Ein fesselnder Erlebnisbericht mit viel Pferdeverstand und Tierliebe.
Best.-Nr. 9944, 9,80/ÖS 79,–

Katrin Dillenburger
Ausgerechnet Islandpferde!
Ein Traumbuch für alle, die Islandponys lieben.
Best.-Nr. 4347, 9,80/ÖS 79,–

Tina Caspari
Das rote Fohlen
Die versunkene Welt eines großen ostpreußischen Gestüts wird in dieser Pferdegeschichte wieder lebendig. Best.-Nr. 9615, 9,80/ÖS 79,–

Eva Berggren
Sara und die Sternfuchsstute
Mit viel Sensibilität und Geduld gewinnt ein junges Mädchen das Vertrauen eines scheuen Pferdes.
Best.-Nr. 4068, 9,80/ÖS 79,–

Eva Boëthius
Mein Pony heißt Freitag
Von den Erlebnissen eines Schwedenmädchens mit einem übermütigen Gotlandpony
Best.-Nr. 4086, 9,80/ÖS 79,–

Tulla Hagström
Das Jahr mit meinem Pony
Mit einem Pony durch dick und dünn. Die Geschichte einer großen Freundschaft. Best.-Nr. 4092, 9,80/ÖS 79,-

velyn Permoser
hazalia, Tochter des Windes
lach harten Erfahrungen findet die
raberstute Ghazalia einen Menschen,
er sie liebt und versteht.
est.-Nr. 4352, 9,80/ÖS 79,–

rjan Persson
ferdeferien oder
ie Reise nach Kopenhagen
va hofft auf richtig schöne Ferien.
och es kommt alles anders als er-
artet. Aufregende Ereignisse über-
ürzen sich.
est.-Nr. 4093, 9,80/ÖS 79,–

unillu Wolde
utte ist mein Wunschpferd
as Mädchen Kia ist fasziniert von dem
erd Putte. Sie sehnt sich danach, es ver-
rgen und reiten zu dürfen.
est.-Nr. 4195, ,10,80/ÖS 85,–

Lynn Hall
Das weiße Pony
Eine ergreifende Geschichte von der Freundschaft zwischen einem jungen Mädchen, einem Pony und dessen Besitzerin. Best.-Nr. 9939, 7,95/ÖS 65,–

Lynn Hall
Berry, meine Rotschimmelstute
Berry ist ein ganz besonderes Pferd. Das erfährt das Mädchen Megan bald. Best.-Nr. 9941, 7,95/ÖS 65,–

Lynn Hall
Schimmelstute Jessie soll leben
Durch die Liebe zu seinem Pferd gewinnt der Junge Danny Selbstvertrauen und Mut. Best.-Nr. 9946, 9,80/ÖS 79,–

Karin Lorentzen
Windsbraut, mein weißes Pferd
Mit der Schimmelstute Windsbraut beginnt für das Mädchen Silja ein neuer Lebensabschnitt.
Best.-Nr. 4075, 8,95/ÖS 69,–

onica Dickens
eine Pferde –
eine Freude
eschichten vom richtigen und liebe-
llen Umgang mit Pferden.
st.-Nr. 9731, 9,80/ÖS 79,–

yce Stranger
as Pony in den Dünen
vei Tiere retten das Leben eines
gen. Best.-Nr. 9867, 7,95/ÖS 65,–

ul Buddee
ufregung im Ponyclub
e dramatische Rettungsaktion in den austra-
chen Bergen vereint die Mitglieder des
nyclubs. Best.-Nr. 4294, 8,95/ÖS 69,–

nica Langenstein
anja, ein russischer Hengst
dieser spannenden Geschichte wird ein
amatisches Pferdeschicksal deutlich.
st.-Nr. 9617, 9,80/ÖS 79,–

(Ohne Abbildung)

Ron Stanford
Dinah wird Reitlehrerin
Best.-Nr. 4183, 9,80/ÖS 79,–

Carey
Evelyn und die beiden Ponys
Best.-Nr. 4252, 9,80/ÖS 79,–

Ann Sheldon
Lisa und die Ranch der Pferde
Lisa lebt auf einer Pferdefarm in Südkalifornien. Auf der Rancho del Sol ihrer Großeltern verbringt sie eine schöne und aufregende Zeit mit ihren Freunden und den Pferden.
Bisher erschienen: •Das goldene Geheimnis, Bd. Best.-Nr. 4382, •Der silberne Pokal, Bd. 2, Best.-Nr. 4383. Je 9,80/ÖS 79,–
Die Serie wird fortgesetzt.

Hans G. Franciskowsky
Wendy
Wendy liebt die Pferde des elterlichen Reiterhofs. Zusammen erleben sie die schönsten Abenteuer.
• Das Paradies der Reiter, Bd. 1, Best.-Nr. 4443 • Ein Fohlen für Rodna, Bd. Best.-Nr. 4444. Je 9,80/ÖS 79,–.
Die Serie wird fortgesetzt.

Tina Caspari
Ein Schloß für unsere Pferde, Bd. 6
Wanderritt am langen Zügel
Ein langersehnter, mehrtägiger Wanderritt wird für alle Teilnehmer zu einem unvergeßlichen Erlebnis.
Best.-Nr. 4072, 8,95/ÖS 69,–.
Diese Serie umfaßt 6 Bände, sie wird fortgesetzt.

Thea Oljelund
Polly sucht das verschwundene Pferd, Bd. 6
Dunkle Geschäfte am Rande einer schwedischen Trabrennbahn werden aufgeklärt.
Best.-Nr. 9866, 7,95/ÖS 65,–
Diese Serie umfaßt 6 Bände.

Monica Alm
Kiki mit dem Ponyclub auf der Gespensterparty, Bd. 5
Ferien auf dem Schloß. Natürlich dürfen da Gespenster nicht fehlen.
Best.-Nr. 7707, 8,95/ÖS 69,–
Diese Serie umfaßt 5 Bände.

Tina Caspari
Bille und Zottel, Bd. 16
Pusztaferien und Ponybriefe
Das erste Mal sind Bille und Zottel voneinander getrennt. Doch auch dann bleiben sie die besten Freunde.
Best.-Nr. 4214, 8,95/ÖS 69,–
Diese Serie umfaßt 16 Bände.

Jrsula Isbel
Reiterhof Dreililien, Bd. 9
Unter dem Frühlingsmond
Der Frühling ist da. Endlich grasen Dreililiens Stuten mit ihren Fohlen auf den grünen Weiden. Wie jeder Frühling bringt edoch auch dieser stürmische Tage... Best.-Nr. 9864, 9,80/ÖS 79,–. Diese Serie umfaßt 9 Bände.

\ndrea Pabel
Das Wildpferd aus den roten Bergen,
Gefahr auf der Weide, Bd. 8
ohlen sind von der Weide verschwunden. ine dramatische Suche beginnt... Best.-Nr. 4359, 8,95/ÖS 69,– Diese Serie umfaßt 8 Bände, sie wird fortgesetzt.

Christine Pullein-Thompson
Pferdehof Zum Schwarzen Pony, Bd. 5
Der große Sturm
in heftiger Sturm verursacht dramatische reignisse auf dem Pferdehof. est.-Nr. 9910, 8,95/ÖS 69,– iese Serie umfaßt 5 Bände, sie wird fortgesetzt.

erstin Backman
ofie und ihr Fuchs Jocke, Bd. 6
ofie will an einem Springturnier ilnehmen. Aber eines weiß sie: Nie würde sie ihr Pferd überfordern. est.-Nr. 4403, 8,95/ÖS 69,–. iese Serie umfaßt 6 Bände, e wird fortgesetzt.

ılla Hagström
etra und der Fohlenfrühling, Bd. 6
ie Fohlen toben übermütig auf der Weide. etra und ihren Freunden wird bald klar, daß n aufregender Sommer vor ihnen liegt. est.-Nr. 9732, 8,95/ÖS 69,– iese Serie umfaßt 6 Bände, sie wird fortgesetzt.

Ursula Isbel
Pferdeheimat im Hochland
Der schottische Pferdehof "The Laurels" ist eine Zuflucht für alte und kranke Pferde. Das Mädchen Laurie hilft bei der Arbeit mit den Tieren auf dem Gutshof. Diese Serie umfaßt 3 Bände: •Schottischer Sommer, Bd. 1, Best.-Nr. 4215 •Danny Boy, Bd. 2, Best.-Nr. 4216 •Fionas Fohlen, Bd. 3, Best.-Nr. 4296. Je 9,80/ ÖS 79,–.

Lisbeth Pahnke
Britta muß sich entscheiden, Bd. 11
Britta ist vernarrt in Pferde. Aber sie beschäftigt sich mit viel Sachverstand und Geduld mit ihnen. Best.-Nr. 8215, 8,95/ÖS 69,– Diese Serie umfaßt 11 Bände.

Monica Dickens
Die Botschaft des grauen Pferdes
Auf fantastische Weise gerät Rose in den Bann des geheimnisvollen grauen Pferdes. Ein großes Abenteuer beginnt. Best.-Nr. 4302, 16,80/ÖS 129,–

Klaus H. Sütterlin
Hoka, der Hengst aus der Südsee
Eine spannende Geschichte um die legendären Wildpferde der polynesischen Marquesas-Inseln. Best.-Nr. 4186, 16,80/ÖS 129,–

Jennifer Melrose
Ein Stall voller Pferde
Nach einem schweren Unfall muß die Besitzerin einer Reitschule alle ihre Pferde verkaufen. Schmerzlich ist diese Trennung und groß die Sorge, daß die Tiere in die richtigen Hände kommen... Best.-Nr. 9945, 16,80/ÖS 129,–

Nan Inger Östman
Siegesschleifen
Eine Kindheit mit Ponys. Den beiden Schwestern Jeanette und Madeleine bedeuten Pferde alles. Der falsche Ehrgeiz des Vaters ist eine Belastung für die ganze Familie...
Best.-Nr. 4304, 16,80/ÖS 129,–

Joyce Stranger
Das Glückszeichen
Als die Sturmflut ein Dorf in Wales bedroht, kann nur der Heng Mahruss, Träger des legendären Glückszeichens, den gefahrvollen Weg durch die Berge finden und somit die Bewohner des Dorfes retten. Best.-Nr. 9878, 14,80/ÖS 119,–

Marion Coakes
Das Pferd, das nur für Susan sprang
Mit viel Liebe und Geduld gelingt es Susan, den schönen Palomino Sea-Blond zu einem begabten Springpferd zu trainieren. Best.-Nr. 9943, 16,80/ÖS 129,–

Rosemarie von Schach
Der Sommer der silbernen Stute
Die ergreifende Geschichte der silberweißen Stute Jilka, die einst in der legendären Dülmener Wildpferdherde gelebt hat. Best.-Nr. 4073, 16,80/ÖS 129,–

Sieglinde Dick
Ich liebe alle Pferde
Das Wohlergehen und die richtige Versorgung der Pferde sind wichtiger als alle Turniersiege. Dies lernt die ehrgeizige Gerlinde.
Best.-Nr. 9865, 16,80/ ÖS 129,–

Jeanne Schlageter
Goldina, unser Lieblingspferd
Eine Pferdegeschichte vor dem Hintergrund eines spannenden Kriminalfalles.
Best.-Nr. 4184, 16,80/ÖS 129,–

Manfred Böckl
Der rote Hengst von Kinsale
Der junge Ire Flann O' Tara kämpft mit seinem edlen Hengst für Irlands Freiheit.
Best.-Nr. 4181, 16,80/ÖS 129,–

Ursula Isbel
Reiterhof Dreililien, SaBa
Dieser Sammelband enthält die ungekürzten Bände: • Das Glück dieser Erde • Die Tage der Rosen • Der Frühling des Lebens
Best.-Nr. 4079, 19,80/ÖS 149,–

Tulla Hagström
Petra, SaBa 1
Die schönsten Geschichten von Petra und ihrem geliebten Pferd.
Best.-Nr. 9930, 19,80/ÖS 149,–

Monica Alm
Kiki, SaBa 1
Alle Abenteuer Kikis und ihrer Pferdefreunde als Sammelband.
Best.-Nr. 9925, 19,80/ÖS 149,–

Tina Caspari
Bille und Zottel, SaBa 5
In drei ungekürzten Einzelbänden werden neue, aufregende Geschichten von Pferdefreunden, Reitspaß und lustigen Abenteuern erzählt.
Best.-Nr. 4295, 19,80/ÖS 149,–

Thea Oljelund
Polly, ein schwedisches Pferdemädchen
Viel Spaß und Spannung bieten die drei ungekürzten Pferdegeschichten in diesem Buch.
Best.-Nr. 4280, 10,–/ÖS 79,–

Kerstin Backman
Sofie, SaBa 1
Geschichten um Sofie und die Stute Sabrina, Sofies Sorge um ein Pferd und viele aufregende Erlebnisse. Best.-Nr. 9926, 19,80/ÖS 149,–

...n Hall/Logan Forster
...nza und Sturmwolke
...e ergreifenden Schicksale zweier ...gen und zweier Pferde. Die beiden ...gen tun alles für die ihnen anver...uten Pferde. Best.-Nr. 4450, ...,–/ÖS 95,–

Lisbeth Pahnke
Britta und ihre Pferde
Der Super-Hit für alle Britta-Fans. Geschichten, die Pferdefreunde begeistern. Best.-Nr. 4264, 19,80/ÖS 149,–

...ara Salgado
...s Mitternachtspony
...e fesselnde und sensible Geschichte von Tierliebe ...d Verantwortung für ein Pony.
...st.-Nr. 4381, 10,–/ÖS 79,–

...ara Salgado
...s Sonnenpferd
...e Geschichte von Pferdeliebe und Hilfsbereitschaft – ...er auch die Schilderung eines spannenden Kriminal...es. Best.-Nr. 4337, 12,–/ÖS 95,–

...ne Abbildung) Tina Caspari
...le und Zottel
...samtausgabe in wertvoller Halblederausstattung.
... Bände ungekürzt in einem Sammelband.
...t.-Nr. 4175, 29,80/ÖS 239,–

Unsere Welt erkennen
Der Reiterhof
Ein Buch zum Betrachten, Benennen, Fragen, Entdecken...
Die vielfältigen Tätigkeiten auf einem Reiterhof sind hier lebendig dargestellt: als Sachbilderbuch, als Poster und als Spiel.
Best.-Nr. 9835, 9,80/ÖS 79,–

Ursula Bruns/Marlit Hoffmann
Pferde – meine große Liebe
Der praktische Ratgeber für pferdebegeisterte Mädchen und ihre Eltern beantwortet viele Fragen zum Thema Pferde und Reiten.
Best.-Nr. 9902, 9,80/ÖS 79,–

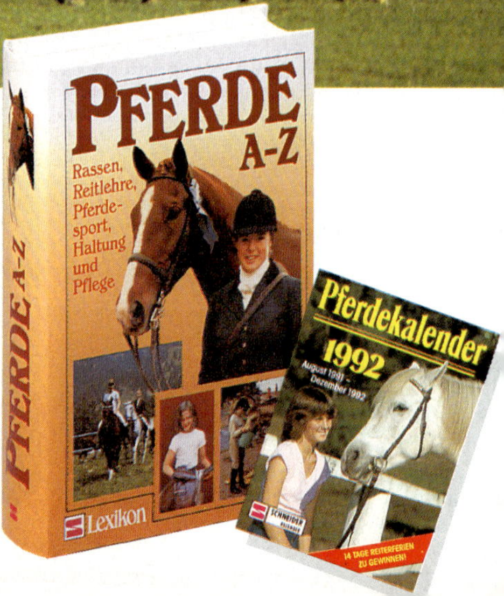

Edel Marzinek-Späth
Pferde A – Z
In einem Lexikon mit über 850 Stichworten, über 150 Zeichnungen und mehr als 190 Fotos erklärt die Autorin, die sich seit ihrer Kindheit mit Pferden beschäftigt, viele Dinge, die Reiter wissen sollten. Das Wichtigste über Rassen, Aufzucht, Haltung, Pflege und viel Wissenswertes und Interessantes.
Best.-Nr. 9750, 24,80/ÖS 199,–

Sybille Schneider
Pferdekalender 1992
Unschlagbar und den anderen stets um Pferdelängen voraus: der neue Pferdekalender: Pferdefreunde lieben ihn.
Best.-Nr. 4373, 9,80/ÖS 79,–

Ich nickte unglücklich.

„Du bist ein Dummkopf. Vielleicht wollte jemand bei uns anrufen, um zu sagen, daß es Gillian besser geht. Das würde alle Probleme lösen. Und jetzt putz dir die Nase und sei nicht dumm. Noch ist nicht alles verloren“, sagte mein Bruder.

„Aber wenn die Wallaces Lorraine nicht kaufen, werden die Leute doch weiter anrufen“, stöhnte ich und putzte mir die Nase mit einem Stallwischtuch.

Jemand klopfte an die Tür. Trudy Wallace stand lächelnd vor der Sattelkammer. „Wir sind ganz verliebt in Lorraine. Wir möchten sie kaufen. Wir verzichten sogar auf eine tierärztliche Untersuchung“, sagte sie, als würde sie uns einen Gefallen damit tun, als müßten wir ihr dankbar sein, daß sie uns anbot, Lorraine zu kaufen. Ich unterdrückte ein Schluchzen und versuchte, es wie einen Schluckauf klingen zu lassen. „Zweitausend Pfund wollt ihr für sie haben, nicht?“

„Vielen Dank, aber heute kommen bestimmt noch andere Kaufinteressenten“, sagte Ben betont gleichmütig. „Wir können Ihnen also vor dem Abend keine Zusage machen.“

„Warum wollt ihr noch auf andere Käufer warten?“ fragte Mrs. Wallace.

„Die Sache mit dem Verkauf ist noch nicht endgültig!“

9 9911-10

„Aber sie war doch ausgeschrieben!"

„Ich weiß. Meine Schwester Lisa wollte die Stute verkaufen und das Geld an den *Gillian-Ross-Hilfsfonds* geben", erklärte Ben „Morgen wird ein Artikel darüber im *Echo* erscheinen", erwiderte Ben müde.

„Ich verstehe trotzdem nicht!"

Ich weinte jetzt; die Tränen strömten über meine Wangen. „Bitte gehen Sie!" schluchzte ich. „Ich werde Ihnen schreiben. Ich werde Ihnen alles in einem Brief erklären. Es tut mir wirklich furchtbar leid."

„Meine Kinder werden sehr traurig sein. Sie haben ihr Herz an die Stute gehängt!" erwiderte Mrs. Wallace zögernd. Sie rief nach ihren Kindern. „Kommt jetzt mit! Die scheinen hier noch unentschlossen zu sein. Ich hab keine Ahnung, was hier vorgeht!" sagte sie. Dann verließen sie den Hof ohne ein weiteres Wort.

„Der Teufel soll alle holen!" sagte ich. „Warum passiert uns das alles, Ben? Ich find's scheußlich, die Leute so zu behandeln."

Dann tauchte Lisa auf. Sie pfiff leise vor sich hin, und Bob lief hinter ihr her.

„Ich hab Mrs. Ross besucht. Gillian ist nicht mehr in der Intensivstation. Es scheint ihr etwas besser zu gehen. Sie war sehr froh darüber. Was waren das übrigens gerade für Leute, Harriet?"

„Sie haben gedacht, wir wären hier eine Reitschule“, log ich. Dann ging ich ins Haus und frühstückte. Alles schmeckte wie Stroh. Ma sah ziemlich deprimiert aus. Oberst Hunter fühlte sich krank. Das Toastbrot war verbrannt, und die Eier klebten an der Pfanne. Hinzu kam, daß unsere Haushaltshilfe Peggy nicht gekommen war, und daß Twinkle, Lisas Kater, den Frühstücksspeck gestohlen hatte.

„Peter verläßt uns morgen; und Miss Steele und Mrs. Tomson reden davon, daß sie bald nach Oxford ziehen wollen. Wahrscheinlich haben sie das angebrannte Toastbrot und die verspäteten Mahlzeiten satt. Und bis jetzt haben sich noch keine neuen Gäste angemeldet“, sagte unsere Mutter mutlos.

„Dann hast du wenigstens auch mal ein bißchen Ruhe, Ma; du hast es verdient“, sagte Ben. „Es werden schon wieder Gäste kommen, das war doch immer so.“

„Wir können nicht so weitermachen. Wir haben auch zu viele Pferde. Vielleicht ist es richtig, wenn wir Lorraine verkaufen; wir müssen uns sowieso einschränken.“

Ich wußte, daß sie recht hatte. Ohne Lorraine müßten wir weniger Pferde durch den Winter bringen und könnten auch am Hufschmied und Tierarzt sparen. Schweigend machte ich noch Toastbrot und trug das

Frühstückstablett zu Oberst Hunter ins Zimmer. Die Sonne schien. Wir hätten glücklich sein müssen. Warum waren wir es nicht? Warum hatten wir dauernd Streit?

Ich half meiner Mutter, das Haus sauberzumachen, während Ben die Teppiche ausschüttelte und Spinnweben entfernte. Wir saßen gerade in der Küche und tranken Tee, als die Presse in Gestalt einer jungen Frau und eines Fotografen auftauchte. Sie stellten sich als Paul und Caroline vor. Caroline trug ein kariertes Hemd und Jeans. Sie stellten sich vor. „Wir sind vom *Echo*. Wir wollen über die Gillian-Ross-Sache berichten", erklärten sie.

Ben holte Lisa und James. Ich hätte froh sein müssen, aber ich war es nicht. Zu viel war passiert. Ich fühlte mich wie jemand, der versucht hat, einen Berg zu besteigen und zurückkehrt, ohne den Gipfel erreicht zu haben. Und mir fiel nichts ein, was ich den Reportern sagen sollte. Zum Glück übernahm Lisa den größten Teil des Gesprächs, was nur gerecht war, denn Gillian war schließlich ihre Freundin. Unglücklicherweise schafften wir es nicht, sie davon abzuhalten, zu erzählen, daß sie ihre Stute verkaufen wollte, um mehr Geld für Gillian zusammenzubringen.

Ich sah sie böse an, und Ben trat ihr gegen das

Schienbein, aber Lisa redete weiter, und wir sahen alle, daß sie es genoß, im Mittelpunkt der Aufmerksamkeit zu stehen.

Endlich hörte sie zu reden auf, und das Fotografieren begann. Das wichtigste Foto war von Lisa, wie sie Lorraine umarmte; wir wußten alle, wie die Überschrift lauten würde: *Zu verkaufen, um eine Freundin zu retten.*

Mir war ganz kalt ums Herz. Ben vermied es, mich anzusehen. James hatte es eilig, weil er etwas vorhatte und der Vormittag schon fast vorbei war. Ma hörte aufmerksam zu. Schließlich fragte uns Caroline nach dem Pferdehof.

„Vielleicht können wir Ihnen helfen, mehr Gäste zu bekommen. Es sieht ganz so aus, als könnten Sie ein bißchen Werbung brauchen", meinte sie.

Ma erzählte von unseren Schwierigkeiten. Sie wirkte müde und mutlos. Paul fotografierte unser Haus. Dann stiegen beide in ihr Auto, auf dem in roten Buchstaben *Morgen-Echo* stand, und fuhren los, wobei Caroline uns zum Abschied zuwinkte.

„Sie waren nett!" sagte Lisa. „Und jetzt haben wir bestimmt keine Schwierigkeiten, Lorraine zu verkaufen. An einen guten Platz, den wir uns aussuchen können!"

„Ich bin bloß froh, daß es vorbei ist, weil sie sicher

eine Menge Lügen über uns verbreiten werden", sagte James. „Sie werden auf die Tränendrüsen drücken. Das müssen sie ja."

„Ich will's gar nicht lesen. Ich will es nicht einmal sehen. Sie waren so herablassend. Ich finde, es war beleidigend, daß sie so getan haben, als würden wir Werbung brauchen, damit wir Gäste bekommen!" rief ich. „Was wissen die denn von uns!"

„Es ist aber die Wahrheit", erwiderte Ma ruhig. „Wir verdienen wenig, das sieht doch jeder. Wenn es hier nicht bald besser wird, müssen wir alles verkaufen."

„Noch nicht!" rief ich. „Nicht bis zum nächsten Jahr. Nicht jetzt!"

Ma erwiderte: „Ich hab's euch doch gesagt. Die Bank will uns kein Geld mehr leihen, so einfach ist das!"

„Aber es muß doch irgendeine Lösung geben ..."

„Müssen wir auch die Pferde verkaufen?" fragte Ben leise.

„Ich weiß es nicht, Kinder. Wir haben noch nichts entschieden. Aber die Zeit drängt; man kann schließlich keine Pension ohne Gäste führen, und das Haus müßte unbedingt renoviert werden. Seht ihr das nicht?" fragte Ma.

„Aber wohin sollen wir gehen?" fragte Lisa.

„Wir werden ein kleineres Haus kaufen", erwiderte

Ma. „Tut mir leid, aber so ist das eben. Ich hab's euch immer gesagt. Wir können einfach nicht so weitermachen – die vielen Pferde und der große Garten und keiner, der auf dem Hof hilft. Wir schaffen es jetzt wirklich nicht mehr."

„Wir müssen weiterkämpfen. Wir dürfen nicht aufgeben!" sagte Ben fest und wischte sich die Tränen aus den Augen.

„Wir haben den Kampf verloren, begreifst du das nicht?" rief Ma. „Euer Vater und ich haben uns jahrelang alle Mühe gegeben. Glaubt ihr vielleicht, es macht ihm Spaß, Isolierglas zu verkaufen? Denkt ihr, es gefällt mir, Linda Stamp zuzusehen, wie sie Zigarettenasche in die Suppe fallen läßt? Wir sind vielleicht erwachsen, aber wir haben auch unsere Gefühle!"

Erst vor einem Jahr hatten wir uns in der gleichen Situation befunden. Damals hatte uns eine Filmgesellschaft gerettet, weil sie unseren Pferdehof als Kulisse für einen Film brauchte und uns viel Geld dafür gezahlt hatte. Jetzt waren wir wieder soweit, und ich hatte das Gefühl, daß es diesmal wirklich keine Rettung gab. Wir würden unseren Pferdehof Zum Schwarzen Pony verlieren, und das war das Schlimmste, das geschehen konnte.

Ein Geschenk des Himmels

Ich versuchte den ganzen Nachmittag lang, zu vergessen, was Ma gesagt hatte. Mit Prinz sprang ich über unsere Hindernisse, und wieder war er großartig. Peter hatte uns mittags verlassen und gesagt: „Die Pflicht ruft. Es war wunderbar bei Ihnen. Aber jetzt muß ich zurück zu meinem Regiment."

Er hatte Ma zum Abschied auf die Wange geküßt und Paps die Hand geschüttelt. Ma hatte sich ohne ein weiteres Wort abgewandt, während Pa ihm von der Auffahrt aus nachwinkte. Abends striegelte und bürstete ich Prinz ausgiebig und mußte dabei immer denken: Nächstes Jahr ist er vielleicht fort, vielleicht sind sie alle verkauft. Wir leben vielleicht in einem kleinen, modernen Haus, in dem nur noch Platz für Bob ist. Und ich fragte mich, was ich ohne die Pferde tun sollte.

Abends rief Mr. Meacher an. Ich nahm ab. „Bist du es, Harriet?" fragte er und fuhr fort, ohne meine Antwort abzuwarten: „Ich wollte euch nur sagen, daß Gillian jetzt schon im Bett sitzt und ißt. Vorerst scheint die Krise überstanden zu sein, und morgen bringen wir den Aufruf auf der Titelseite. Ich denke, wir werden damit hohe Auflagen erreichen. Sicher wird sich der ganze Landkreis dafür interessieren. Ihr braucht euch also nicht zu wundern, wenn sich auch Radio und Fernsehen bei euch melden.“

Ich versuchte Interesse zu zeigen, doch im Augenblick konnte ich nur daran denken, daß unser Pferdehof verkauft werden sollte. Alles andere war in den Hintergrund getreten.

„Ihr werdet also berühmt, ob ihr wollt oder nicht, denn es ist eine herzergreifende Geschichte. Junge Leute in einem ganz neuen Licht, als Helfer, nicht als gefährliche Rocker“, fuhr Mr. Meacher fort. „Und das liest jeder gern.“

„Da bin ich froh, Mr. Meacher. Es ist phantastisch, wirklich phantastisch. Vielen Dank, daß Sie angerufen haben.“ Ich legte den Hörer auf und rannte in die Küche. „Mr. Meacher glaubt, der Aufruf wird genug Geld bringen, um Gillian in den nächsten Tagen nach Amerika zu bringen!“ rief ich. „Wie findet ihr das?“

„Großartig“, sagte Ma.

„Also ist der Alptraum endlich vorbei“, sagte James.

„Ich radle morgen früh gleich zum Zeitungskiosk und hole das *Echo*“, beschloß Ben.

„Es ist wie ein Wunder!“ rief Lisa. „Ob Gillian die Zeitung lesen wird?“

„Warum nicht?“ meinte Ma.

„Dabei hab ich Mr. Meacher überhaupt nicht gemocht. Ich fand ihn so eingebildet", sagte James.

„Vielleicht könnten wir aus unserem Pferdehof ein Seniorenheim machen", schlug ich vor und sah Ma an, die eine Tasse Malzkaffee für Oberst Hunter vorbereitete. „Ich mag alte Leute."

„Aber wir bräuchten eine Krankenschwester, um die Genehmigung zu bekommen", meinte Ma.

„Und wahrscheinlich braucht man auch Notausgänge und Rollstühle und Aufzüge", fügte Ben hinzu.

„Wir könnten doch eine Krankenschwester anstellen und im Haus einiges umbauen", schlug ich langsam vor. „Es wäre immerhin besser, als wegzugehen, oder? Es macht mir nichts aus, im Keller zu schlafen, wenn wir nur bleiben können, Ma."

„Ach, Harriet!" rief sie und legte die Arme um mich. „Vielleicht kommt es gar nicht so weit; wir überlegen es uns ja noch. Und das Leben ändert sich ständig, damit muß man sich abfinden. Vielleicht gefällt es dir sogar anderswo."

„Sicher passiert irgend etwas", meinte Ben. „Du machst dir Sorgen um ungelegte Eier, Harriet. Es wird schon irgendeine Lösung auftauchen."

„Das hab ich doch schon mal gehört", sagte ich.

Bob folgte mir ins Freie. Über dem Dorfplatz ging die Sonne unter. Bald würde der Sommer vorbei sein.

Im Geist sah ich die Blätter von den Bäumen fallen, die Äpfel im Obstgarten reif werden. Dann stellte ich mir vor, wie fremde Leute in unser Haus einzogen. Ich sah, wie die Bäume im Obstgarten gefällt wurden und der Stall in ein Haus verwandelt. Ich sah Bagger und Kräne und Männer mit Leitern. Dann sah ich uns in einem anderen Haus mit einem winzigen Garten. Und ich wußte, daß ich eigentlich froh sein sollte, weil Gillian Hilfe bekam, doch ich konnte es nicht. Bob leckte mir die Hand. Ich mistete die Pferdeboxen aus und kehrte den Hof, und dabei dachte ich dauernd, daß wir vielleicht schon in einem Monat nicht mehr hier leben würden.

Schließlich rief Papa: „Harriet, was machst du da draußen? Es ist längst Schlafenszeit!"

Bob lief voraus. Die Stamps waren ausgegangen, also saß Ben vor dem Fernseher und sah sich ein Schauspringen an. Ma deckte schon den Frühstückstisch. Ich ging ins Bett und träumte bald, ich wäre auf einem Schiff, das zu einem unbekannten Hafen unterwegs war.

Ben weckte mich am nächsten Morgen. Er stand vor meiner Zimmertür und sagte: „Ich hab das *Echo* geholt. Sie haben natürlich alles verdreht. Und ich sehe furchtbar aus, echt schrecklich."

Ich zog meinen Morgenmantel an, ging in die Küche und las den Artikel. Ben saß neben dem Herd. Die Reporter hatten aus unserem Pferdehof ein Paradies gemacht und aus uns hilfsbereite Engel. Auf der Titelseite war ein Bild von unserem Haus und ein Foto, wie wir Lorraine umstanden. Darunter stand fettgedruckt: *Geliebtes Pony zu verkaufen, um eine Freundin zu retten*, genau wie James vorhergesagt hatte. Lorraine hatte drohend die Ohren zurückgelegt. Ich hatte die Stirn gerunzelt, aber Lisa lächelte und zeigte ihre fast vollkommenen Zähne.

„Ich hätte nicht gedacht, daß sie ein Farbfoto bringen würden", sagte Ben. „Wenn ich bloß nicht so blöde aussehen würde! Aber das Haus wirkt großartig, nicht? Man bemerkt nicht mal den schiefen Kamin, und die Risse in den Mauern sieht man auch nicht. Es wirkt einfach nur alt und vornehm. Es sieht aus, als wäre es mindestens eine halbe Million Pfund wert."

Wir frühstückten zeitig. Draußen summten die Bienen; und da es ein schöner Tag werden würde, brachte ich die Pferde auf die Koppel. Sie liefen zu ihrem Unterstand und begannen zu fressen. Bald grasten sie friedlich.

Es war wie jeder andere Morgen, nur daß unsere Gäste bald ausziehen wollten und der Artikel über Gillian in der Zeitung erschienen war. Und Lorraine war noch immer zu verkaufen. Jetzt konnte ich auch kaum noch etwas dagegen einwenden, denn vielleicht mußten auch unsere anderen Pferde verkauft werden.

Später rufe ich Mrs. Wallace an, dachte ich, und entschuldige mich für unser seltsames Benehmen. Ich werde sagen: Natürlich können Sie Lorraine haben, bei Ihnen wird sie es gut haben. Und das Geld würde nicht an Gillian gehen, sondern an die Bank, der wir so viel schuldeten.

Es ist alles sehr einfach, wenn man nicht zu viel darüber nachdenkt, überlegte ich. Wenn man nicht auf die wunderbaren Zeiten zurückschaut, die man auf dem Rücken einer grauen Stute verbracht hat.

Ich lehnte mich über die Boxtür und streichelte Prinz, der einst so verstört gewesen war, daß keiner ihn zu reiten oder auch nur zu berühren gewagt hätte. Jetzt war er mein bester Freund, ein vertrauensvolles und zuverlässiges Reitpferd.

Ich konnte es kaum ertragen, Lorraine anzusehen. Ich hatte sie immer so geliebt und liebte sie noch. Sie war ein Teil meines Lebens, ein Teil, der immerzu mir gehören würde. Ich redete mit dem dunkelbraunen Solitär, der ausdauernder war als alle anderen, und dann mit den Ponys. Ich erinnerte mich daran, daß ich mit sechs Jahren zum erstenmal Limpet geritten war;

kurz darauf hatten meine Eltern den Pferdehof Zum Schwarzen Pony gegründet.

Lisa tauchte auf und sagte: „Mr. Meacher ist am Telefon, und es haben noch drei andere Leute angerufen. Jetzt passiert alles auf einmal, Harriet. Du weinst doch nicht, oder?"

Ich schüttelte den Kopf. „Was passiert denn? Angenehme oder unangenehme Sachen?" fragte ich.

„Es klang ganz gut", erwiderte Lisa.

Schon lag eine Ahnung des kommenden Herbstes in der Luft. Über uns dröhnte ein Flugzeug. Bald würde Gillian auf dem Flug nach Amerika sein. Wir hatten alles mit ihrer Mutter zusammen in die Wege geleitet, und sie würde vielleicht wieder gesund werden. In diesem Augenblick hätte mir diese Aussicht genügen müssen, doch ich fühlte keinen Triumph. Daß mein Name in der Zeitung erwähnt worden war, bedeutete mir nichts. Es war bedeutungslos im Vergleich zu der Vorstellung, daß wir unseren Pferdehof verlieren würden.

„Du hast wohl mal wieder eine deiner Launen, Harriet", sagte Lisa.

Ich gab keine Antwort.

„Frühstück, Kinder!" rief unser Vater jetzt. „Macht schnell, es gibt schon wieder Neuigkeiten! Kommt!"

Ich ging langsam, denn ich glaubte ihm nicht. Ma

bereitete das Frühstück vor. „Mr. Meacher hat angerufen und eine halbe Stunde lang geredet. Es sind schon mehrere tausend Pfund gestiftet worden, hauptsächlich von Firmen aus unserer Gegend. Ist das nicht großartig?“ sagte sie.

Oberst Hunter war noch im Bett. Das Frühstück nahm er jetzt immer auf seinem Zimmer ein. Miss Steele und Mrs. Tomson saßen im Eßzimmer und redeten über Oxford. Es war wie das Ende eines Lebensabschnitts.

„Ich wollte auf ein paar Turniere gehen“, sagte ich. „Aber ich glaube, das lasse ich jetzt besser sein.“

„Warum denn, Liebes?“ fragte Ma, die ein geblümtes Kleid trug und ungewöhnlich hübsch aussah.

„Wenn wir kein Geld haben, können wir uns schließlich nichts mehr leisten, oder?“

„Aber hast du's denn nicht gehört? Hat Lisa es dir nicht erzählt? Es haben schon drei Leute angerufen und gefragt, ob sie bei uns wohnen können; und eine Frau, die Wanderritte organisiert, möchte hier bei uns eine Art Zwischenstation für die Reiter und ihre Pferde einrichten“, sagte Ma.

Ich starrte sie an. „Aber wird das genügen?“ fragte ich ungläubig.

„Und Mr. Meacher möchte uns helfen, unser Haus zu modernisieren“, erzählte Papa. „Wir haben natürlich noch keine Einzelheiten vereinbart. Aber auf jeden Fall werden wir neue Bäder einbauen. Es wird alles besser werden, Harriet, also mach nicht so ein finsteres Gesicht. Natürlich muß alles noch besprochen werden. Mr. Meacher möchte seine Geschäftsfreunde bei uns unterbringen, wenn sie zu ihm kommen. Ihm gehören mehrere Firmen, nicht nur das *Echo*. Wahrscheinlich werden wir sogar einen Küchenchef einstellen und eine Bedienung", schloß Papa lachend.

„Und wir verkaufen Lorraine natürlich nicht, weil Ma meint, daß schon jetzt genügend für Gillian gespendet wurde!" rief Lisa eifrig.

„Ich hab gedacht...", begann ich, doch plötzlich fiel mir nicht mehr ein, was ich gedacht hatte, denn ein Gefühl totaler Glückseligkeit überkam mich. Ich dachte: Wir haben es geschafft, wir haben wirklich etwas erreicht! Vielleicht hat Gott unsere Gebete erhört. Aber eins ist sicher: Wenn wir nicht versucht hätten, Gillian zu helfen, hätten wir am Ende dieses Sommers unseren Pferdehof Zum Schwarzen Pony wohl verkaufen müssen.

„Irgendwann kommt ein Architekt her, um sich die alten Räume über den Ställen anzusehen. Vielleicht kann man sie ausbauen", sagte Paps.

„Aber sie sind nicht sicher; es sind lauter Löcher im

Boden!“ rief ich.

„Genau. Er wird einen Plan machen. Wir brauchen sie als Unterkünfte für die Leute vom Ponytreck, mit einem Badezimmer dazu. Die Reiter werden hier im Haus essen und über den Ställen schlafen. Das gefällt ihnen bestimmt“, sagte Papa.

„Und falls irgend jemand wegen Lorraine anruft, sie ist *nicht* mehr zu verkaufen“, fügte Ben energisch hinzu. „Das steht jetzt fest.“

In meiner Phantasie sah ich, wie alles sein würde: weißgestrichene Fenster über den Ställen, die alte Treppe zu den Räumen, in denen früher die Stallknechte geschlafen hatten, repariert; ich stellte mir den Klang von Pferdehufen auf dem Pflaster vor – ein ständiges Kommen und Gehen, auf das wir lange gewartet hatten.

„Wenn es geht, werden wir einen Stallhelfer anstellen, damit du nicht mehr so hart im Stall arbeiten mußt“, sagte Ma; sie legte den Arm um meine Schultern und drückte ihr Gesicht an das meine.

„Vielleicht kauft Mr. Meacher noch ein paar Pferde und stellt sie bei uns ein“, überlegte Lisa.

„Und er hat uns eingeladen, in seinem Haus in Korfu Ferien zu machen“, fuhr Papa fort. „Es liegt abseits von allem Touristenrummel. Offenbar ist es dort wunderschön.“

10 9911-10

„Und er möchte, daß wir heute abend alle mit ihm essen gehen“, rief James mir zu.

„Ich kann's noch gar nicht glauben“, sagte ich leise. „So viele Dinge können doch gar nicht auf einmal geschehen! Es kann nicht wahr sein. Irgendwo muß doch ein Haken an der Sache sein!“

„Der Pferdehof Zum Schwarzen Pony bleibt jedenfalls in unserem Besitz“, sagte Papa entschieden. „Die Vereinbarung mit Mr. Meacher gilt für zehn Jahre, anschließend werden wir weitersehen. Es ist ein Geschenk des Himmels, daß wir diesen Mann für unser Projekt interessieren konnten, Harriet. Der Notar wird noch heute einen Vertrag aufsetzen. Diesmal sind wir abgesichert. Wir brauchen uns vorerst keine Sorgen mehr zu machen. Um uns nicht, und auch nicht um die Pferde!“

Ich war nicht an Geschenke des Himmels gewöhnt. Ich konnte es immer noch nicht glauben und dachte weiterhin, daß irgendwo ein Haken sein mußte.

„Und jetzt fahren wir ins Krankenhaus und besuchen Gillian“, sagte Ma.

„Wie, wir alle?“ rief ich verblüfft.

Sie nickte. „Es ist wohl wieder für die Zeitung, wie?“ fragte ich.

„Ja, aber für einen guten Zweck. Geh nach oben, kämm dich und zieh ordentliche Sachen an. Du riechst nach Stall, Harriet. Und beeil dich!“

„Aber ich hab noch nicht gefrühstückt!“ protestierte ich.

„Das macht nichts, dann ißt du eben etwas im Auto“, erwiderte Ma.

Als wir ins Krankenhaus kamen, lag Gillian in einem Zimmer, das voller Blumen war. Im Flur wartete ein Reporter, und eine Krankenschwester sagte zu uns: „Es ist schon spät, und eine Klinik ist nicht der richtige Ort für die Presse!“

„Es ist doch alles für einen guten Zweck geschehen! Die Kinder haben sich große Mühe gegeben“, sagte Ma lächelnd, während Lisa zum Bett lief, die Arme um Gillian schlang und flüsterte: „Du, Gillian, ich bin so froh, daß es dir bald besser gehen wird!“

Die Krankenschwester machte ein ernstes Gesicht. „Sie dürfen nicht lange bleiben. Sie darf sich nicht anstrengen, sie hat eine weite Reise vor sich“, sagte sie.

Wir standen um Gillians Bett, während Fragen gestellt und beantwortet wurden. Es war nicht nur ein Reporter vom *Echo* da, sondern auch jemand vom lokalen Fernsehen. Lisa redete und redete. Ben hatte sein starres Lächeln aufgesetzt, das er für solche Gelegenheiten bereithält, ein Lächeln, das eigentlich keines ist. Ich sah auf den gebohnerten Boden und dachte an unseren

Pferdehof, der bald neu renoviert und gepflegt sein würde, während meine Eltern auf der Türschwelle standen und sich an den Händen hielten.

Endlich war es vorbei. Gillian lehnte sich erschöpft in die Kissen zurück. Die Krankenschwester brachte uns hinaus, und Lisa winkte und rief ihrer Freundin zu: „Bis bald, Gillian! Alles Gute für Amerika!"

Dann eilten wir durch die vielen Korridore zum Parkplatz zurück.

„Ihr habt eure Sache gut gemacht", sagte Papa.

„Ich will nicht berühmt sein, das weiß ich jetzt. Ich mag die Presse nicht", sagte ich überzeugt.

„Ich glaube, ich möchte mal Schauspielerin werden!" rief Lisa und lief voraus.

Zum Mittagessen gab es kalten Braten und Salat. Anschließend ritten Ben und ich in den Wald und redeten über die Zukunft.

„Natürlich wird alles anders werden", sagte Ben. „Wir werden vielleicht auch mal im Ausland Ferien machen wie andere Leute auch."

„Meinst du denn, daß der Stallhelfer sich auch um unsere Ponys kümmert?" fragte ich. „Die überlasse ich nicht jedem!"

Ich dachte an neues Sattelzeug und an die marineblaue Reitkleidung, die ich mir schon seit Jahren wünschte. Ich stellte mir einen neuen Pferdehänger vor, in dem Platz für mehrere Pferde war. Dann dachte ich daran, wie es sein würde, wenn wir auch einmal aus dem Haus gehen konnten und wußten, daß sich ein zuverlässiger Mensch um die Pferde kümmerte, so daß wir uns nicht beeilen mußten, wieder heimzukommen.

Die Pferde spürten unsere Hochstimmung und trugen die Köpfe hoch. Der Wald war kühl und geheimnisvoll, die Sonne schien hell durch die Baumwipfel.

„Du wirst dir für Korfu alles mögliche kaufen müssen“, meinte Ben, als wir uns heimwärts wandten. „Sonnencreme, einen Bikini, eine Sonnenbrille. Es wird Zeit, daß du etwas aus dir machst.“

„Ach, hör auf damit!“ sagte ich. „So was paßt nicht zu mir!“

Ben lachte und ritt weiter.

Später zogen wir uns für das Abendessen bei den Meachers um. Es war nicht einfach, denn wir hatten nichts Passendes anzuziehen; aber wir gaben uns Mühe. Schließlich waren wir von einem wichtigen Zeitungsverleger eingeladen worden.

Es gab Garnelencocktail oder Melone, dann eine weitere Auswahl von Speisen und anschließend köstlichen Nachtisch oder Käse. Keiner von uns war daran gewöhnt, so viel zu essen, und Lisa brachte ihr Besteck durcheinander. Mrs. Meacher unterhielt sich auch mit mir über die Schule. Sie erzählte, daß sie auf eine Privatschule gegangen war. Ich versuchte aufmerksam zuzuhören, aber die ganze Zeit stellte ich mir vor, wie unser Pferdehof wieder in altem Glanz erstehen würde: mit neuen Boxen, zusätzlichen Gästezimmern und modernen Bädern; doch das alles würde behutsam ausgeführt werden müssen, denn unser Haus stand unter Denkmalschutz. Ich dachte an neue Reitkleidung für mich und neue Decken und neues Zaumzeug für Prinz, stellte mir vor, daß Lorraine in Frieden bei uns alt werden sollte. Ich sah die Sorgen für immer aus dem Gesicht meiner Mutter verschwinden und Papa, wie er in einem Büro saß und das Geld zählte, das einging. Dann stellte ich mir vor, wie ich in einem neuen Kleid und mit neuen Schuhen mit Richard ausging, und vor allem – wie Gillian geheilt und gesund aus den USA zurückkam.

Schließlich merkte ich, daß Ma mich ansah. „Du wirst dein Zimmer nie wieder für Gäste räumen müssen, Harriet, weil wir den alten Teil des Hauses in Zukunft nur für uns privat nutzen werden."

Dann standen alle auf, denn das Essen war vorbei. Mr. Meacher gab Ma und mir zum Abschied einen Kuß. Sein Gesicht war glatt und roch nach Rasierwasser. Paps und James küßten Mrs. Meacher. Ben vermied es, irgend jemanden zu küssen, und Lisa ebenfalls. Draußen war der Himmel voller Sterne.

„War das ein Abend!" sagte Ben; er grinste über das ganze Gesicht, als wir zum Parkplatz zurückkehrten.

„Ich hab zu viel gegessen. Ich hab mir fast von allem zweimal genommen, und jetzt ist mir schlecht", jammerte Lisa.

Zu Hause begrüßte uns Bob stürmisch. Die Pferde wieherten leise von der Koppel herüber. Es war schwer vorstellbar, daß Gillian jetzt wirklich nach Amerika fliegen würde. Eigentlich war es zu schön, um wahr zu sein. Plötzlich war alles in Erfüllung gegangen, was wir uns so gewünscht hatten. Und wir hatten alle dazu beigetragen.

Später, als ich ins Bett ging, hörte ich Ma zu Papa sagen: „Sally hat eine Notiz hinterlassen, daß die Stamps abgereist sind. Offenbar haben sie nach einem Anruf Hals über Kopf die Koffer gepackt. Irgend etwas kommt mir an der Sache trotzdem komisch vor." Sally hatte sich um die Gäste gekümmert, während wir ausgegangen waren. Sie ist jung und lustig und sehr tüchtig, anders als Peggy, die nicht mehr zu uns kommt.

„Na ja, wenigstens haben sie ihre Rechnung im voraus bezahlt", erwiderte Paps. „Wir brauchen uns also keine Sorgen zu machen, Liebling, selbst wenn sie für immer verschwunden sind."

Doch natürlich ist nichts im Leben so einfach, und

früh am nächsten Morgen wachten wir davon auf, daß drei Polizisten an unsere Haustür klopften. Sie zeigten ihre Ausweise, murmelten: „Polizei!" und kamen ins Haus, dicht gefolgt von Papa, der noch im Schlafanzug war und stotterte: „Was wollen Sie denn? Das ist mein Haus! Haben Sie einen Durchsuchungsbefehl?"

Ma tappte barfuß hinterdrein und war sehr aufgeregt, während Bob bellte und Miss Steele im Nachthemd auf dem Treppenabsatz erschien und fragte: „Was ist los? Brennt es?"

Nur Ben blieb ruhig. „Wenn Sie nach den Stamps suchen, die sind gestern abend verschwunden, während wir fort waren. Sie haben ihre Zimmer geräumt. Ich hab abends noch nachgesehen; sie haben nichts zurückgelassen, nicht mal ein Papiertaschentuch", sagte er zu den Polizisten.

„Woher weißt du das alles?" fragte ich ihn kurz darauf.

„Weil ich Sallys Zettel schon vor Ma gelesen habe. Ich hab immer gewußt, daß mit den Stamps etwas nicht stimmt."

Ich saß auf einem Stuhl in der Küche und überlegte, wie es sein mochte, wie die Stamps zu leben, immer auf der Flucht, während Papa die Beamten hinausbegleitete und Ma den Wasserkessel aufsetzte.

„Wir hätten sie nicht aufnehmen sollen. Aber sie

haben im voraus bezahlt, und wir brauchten das Geld. Ich konnte nicht ablehnen", sagte sie entschuldigend.

„Aber solche Leute nimmst du nie wieder, Ma", erwiderte ich.

Papa kam in die Küche. „Offenbar ist Tony Stamp bei der Polizei unter dem Namen Terry Blackstone bekannt", sagte er. „Er ist schon dreimal wegen Diebstahls im Gefängnis gewesen."

Ma sah ihn erschrocken an. „Die armen Kinder!"

„Mir tun die beiden Jungen leid", sagte ich. „Kein Wunder, daß sie immer so gehetzt und mißtrauisch waren. Wahrscheinlich haben sie ständig damit gerechnet, daß die Polizei auftaucht."

James und Lisa schliefen noch. Wir anderen redeten aufgeregt über die Stamps und tranken Tee in der Küche, während draußen der Tag anbrach, gelb und rosafarben, und die Vögel in den Bäumen sangen.

„Wir sollten wohl doch nachsehen, was fehlt", meinte Papa schließlich schicksalsergeben.

Wir prüften nach, ob noch alle Wertgegenstände da waren, und wunderbarerweise fehlte nichts. „Sie haben uns also doch irgendwie gemocht", sagte Ben. „Denn das silberne Teeservice ist ziemlich wertvoll, und das hätten sie leicht mitnehmen können."

„Schon seltsam, daß wir von Anfang an geahnt haben, daß etwas mit ihnen nicht stimmt. Jedenfalls ich hab's geahnt", sagte ich nachdenklich.

„Hat Paps auch nachgesehen, ob das Geld vom Fest noch da ist? Meine Güte, wo hat er's versteckt?" rief Ben plötzlich. „Ich könnte wetten, daß er es vergessen hat. Verdammt, ich wette, daß es weg ist, und dann sitzen wir schön in der Tinte!"

Papa rasierte sich gerade. Natürlich hatte er das Geld vergessen, und jetzt gab es ein schreckliches Durcheinander, während Bob wie verrückt bellte. Er dachte wohl, wir würden irgendein lustiges Spiel spielen. Paps kam mir sehr langsam vor. Ich glaube, er hatte am vergangenen Abend ein bißchen zu viel getrunken; deshalb hatte uns wohl auch Ma nach Hause gefahren.

Nach längerem Nachdenken rief er: „He, wo hab ich's bloß hingetan? Ich weiß es nicht mehr!" Dann rannte er zur Kommode in der Halle, und wir rannten hinterher. Von oben tauchten Lisa und James in ihren Schlafanzügen auf und schrien: „Was ist denn schon wieder los?" Doch natürlich hatte keiner Zeit, es ihnen zu erklären.

Unser Vater beförderte Stapel alter Kissen und Vorhänge aus der Kommode, und da war das Geld unberührt in der großen Büchse.

Ja, und damit ist meine Geschichte zu Ende. Denn

das Geld wurde zur Bank gebracht; Gillian flog nach Amerika und kam einige Monate später fast ganz gesund wieder zurück.

Und wir hatten das Haus der Meachers in Korfu für uns. Richard und Virginia besuchten uns dort, und Ben lernte seine erste Freundin kennen. Meine Eltern gingen einträchtig herum und erklärten, das seien ihre zweiten Flitterwochen. Nur meine Schwester Lisa kam ein bißchen zu kurz. Sally, die mit Pferden umgehen kann, kümmerte sich zu Hause um Bob und die Pferde, während wir in den Ferien waren. Ein junger Stallhelfer arbeitete kräftig mit. Wir fanden ihn alle sehr nett. Und obwohl ich Richard mit der Zeit immer lieber mochte, hielten wir uns nur ab und zu an den Händen – vielleicht deshalb, weil ich ziemlich hinter dem Mond bin, wenn es um Jungen geht, wie Lisa sagt.

Als wir schließlich nach Hause zurückkehrten, waren die Räume über den Ställen in wunderschöne Gästezimmer umgewandelt; jetzt gab es auch ein Badezimmer und eine Toilette. Doch mein Zimmer war unverändert, und es war ein herrliches Gefühl, daß es von nun an ganz mir gehörte und daß ich es nie wieder für Pensionsgäste räumen mußte.

Die Pferde begrüßten uns zu Hause, während Bob uns wie wild umkreiste und freudig bellte. Jetzt war der Sommer fast vorbei, doch irgendwie war es nicht mehr so wichtig, denn unsere Sorgen waren wie weggeblasen. Papa hörte bald auf, sein Isolierglas zu verkaufen; er war vollauf damit beschäftigt, bei der Renovierung unseres Hauses mitzumachen.

Mr. Meacher kam ab und zu in seinem Wagen mit Chauffeur vorgefahren, um uns zu besuchen. Ich selbst lief wie in einem glücklichen Traum herum und dachte, wie traurig unser Leben doch ohne unseren Pferdehof und Lorraine und die anderen Pferde gewesen wäre. Statt dessen schienen wir wie im Paradies zu leben; und das alles nur, weil wir an einem Julitag beschlossen hatten, jemandem zu helfen, der in Lebensgefahr gewesen war. Weil wir ein Fest geplant hatten, das wir für mißlungen hielten, das aber in Wirklichkeit das schönste und wichtigste Fest unseres Lebens war.

Die Stamps sahen wir nie wieder. Ma besuchte Oberst Hunter regelmäßig in seinem neuen Zuhause. Miss Steele und Mrs. Tomson schreiben uns manchmal aus Oxford; es scheint ihnen dort zu gefallen.

Die Zeit vergeht, und wir ändern uns alle, aber der Sommer, in dem wir das Fest für Gillian gaben, wird immer ein Meilenstein in unserem Leben bleiben, in einer Zeit, als im Pferdehof Zum Schwarzen Pony große Veränderungen geschahen. Ein Sommer, in dem unser Leben eine entscheidende Wendung nahm.

Die besten Pferdebücher von Christine Pullein-Thompson:

Pferdehof „Zum Schwarzen Pony“ (Band 1)
Wo ist Apollo?

Pferdehof „Zum Schwarzen Pony“ (Band 2)
Die verschwundenen Reiter

Pferdehof „Zum Schwarzen Pony“ (Band 3)
Die drei Geschwister

Pferdehof „Zum Schwarzen Pony“ (Band 4)
Prinz bleibt bei uns

Pferdehof „Zum Schwarzen Pony“ (Band 5)
Der große Sturm

Pferdehof „Zum Schwarzen Pony“ (Band 6)
Das schönste Fest